LA DERNIÈRE COLONIE

Philippe Sands

LA DERNIÈRE COLONIE

Traduit de l'anglais (Grande-Bretagne)
par Agnès Desarthe

Albin Michel

Ouvrage publié sous la direction
d'Hélène Monsacré

Édition originale parue sous le titre :
The Last Colony
A Tale of Exile, Justice and Britain's Colonial Legacy
Chez Weidenfeld & Nicolson, Orion Publishing Group, Londres, 2022

Je dédie ce livre à la mémoire
de James Crawford (1948-2021)
et de Louise Rands Silva (1964-2021).

Qu'est-ce qu'une colonie
Si ce n'est l'âpre vérité
Qui fait que lorsque nous parlons
Les tombes s'ouvrent
D'où se lèvent les morts ?

Eavan Boland, « Témoin », 1998

Note au lecteur

Ceci est une histoire vraie, livrée pour la première fois lors d'une série de conférences que je donnai à l'Académie de droit international de La Haye au cours de l'été 2021. Ayant pris part à certains des événements relatés ici, j'ai conscience de n'être pas un observateur impartial, et je comprendrais que les faits, examinés sous un autre angle, puissent donner lieu à des interprétations différentes. J'ai essayé d'élaborer un récit personnel et néanmoins aussi juste et équitable que possible.

Cette histoire, encore trop méconnue, se compose de plusieurs récits entrelacés.

L'un d'eux concerne la Cour internationale de justice (CIJ) à La Haye et le rôle que cette dernière a eu dans la disparition progressive du colonialisme, avec une attention particulière portée au dossier de l'île Maurice.

Le deuxième est plus personnel : il a à voir avec l'évolution de mon propre positionnement face au monde du droit international.

Et le troisième, le cœur battant de ce livre, est la saga de Liseby Élysé – la terrible fable des torts qui ont été commis envers elle et les autres Chagossiens, ainsi que l'épopée de leur quête de justice qui se poursuit à ce jour.

Je me suis efforcé de saisir dans les moindres détails ce que madame Élysé m'a confié durant les nombreuses heures que nous avons passées ensemble à examiner le texte et les événements, afin d'être fidèle à ses souvenirs. J'espère que notre collaboration et notre amitié sont à la hauteur de ses aspirations. Nous sommes issus de milieux différents et, cependant, nos parcours se sont croisés à l'occasion de procédures légales et d'actions en justice qui ont, peu à peu, fait tomber le rideau sur une ère coloniale dans laquelle madame Élysé était née et avait vécu, cette ère même qui a déterminé l'orientation de ma vie professionnelle.

Londres et Bonnieux,
juillet 2022

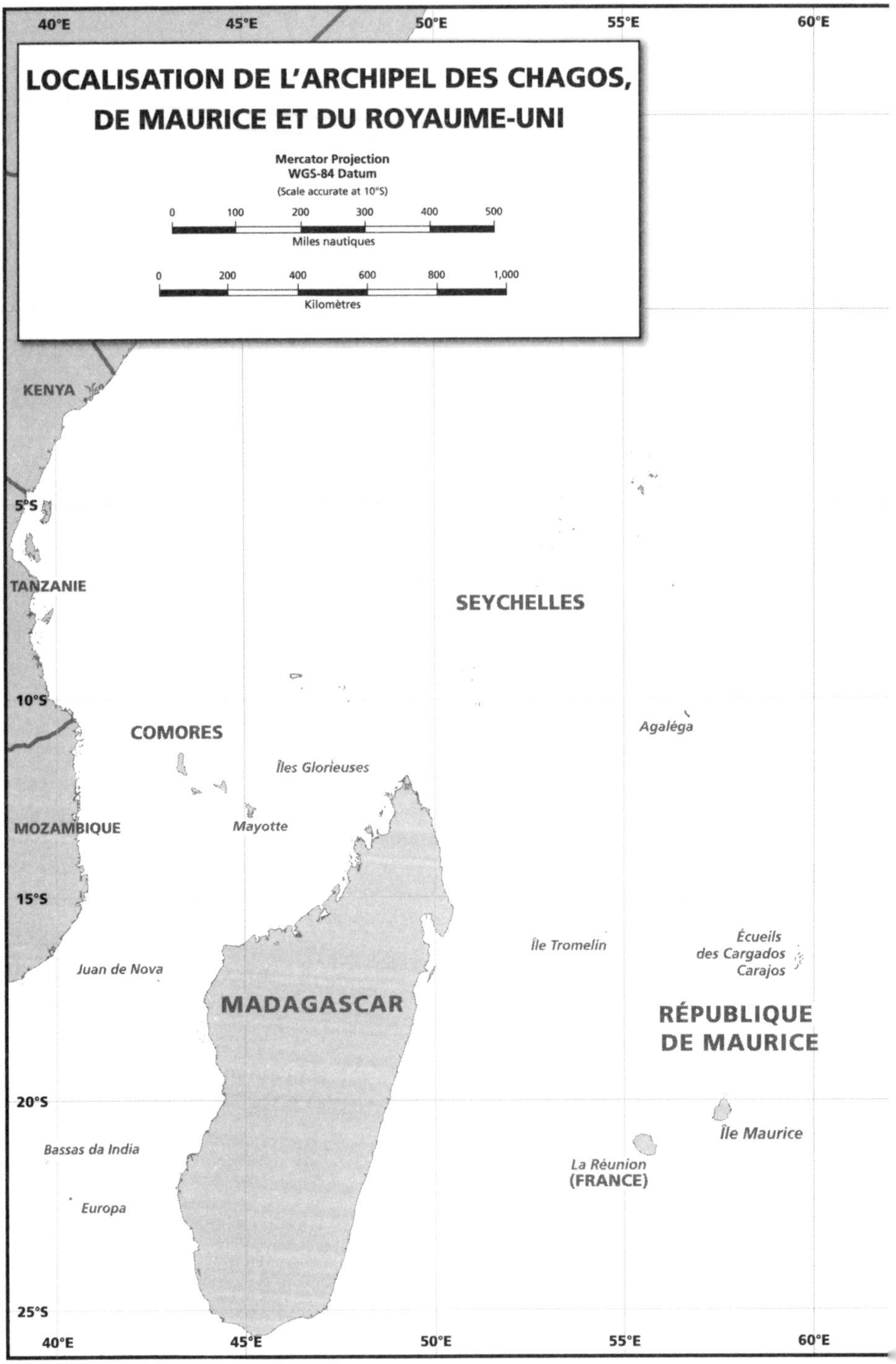
LOCALISATION DE L'ARCHIPEL DES CHAGOS, DE MAURICE ET DU ROYAUME-UNI
Mercator Projection
WGS-84 Datum
(Scale accurate at 10°S)
0 100 200 300 400 500
Miles nautiques
0 200 400 600 800 1,000
Kilomètres
40°E
45°E
50°E
55°E
60°E
5°S
10°S
15°S
20°S
25°S
KENYA
TANZANIE
MOZAMBIQUE
SEYCHELLES
COMORES
Îles Glorieuses
Mayotte
Agaléga
Île Tromelin
Écueils des Cargados Carajos
Juan de Nova
MADAGASCAR
RÉPUBLIQUE DE MAURICE
Île Maurice
La Réunion
(FRANCE)
Bassas da India
Europa

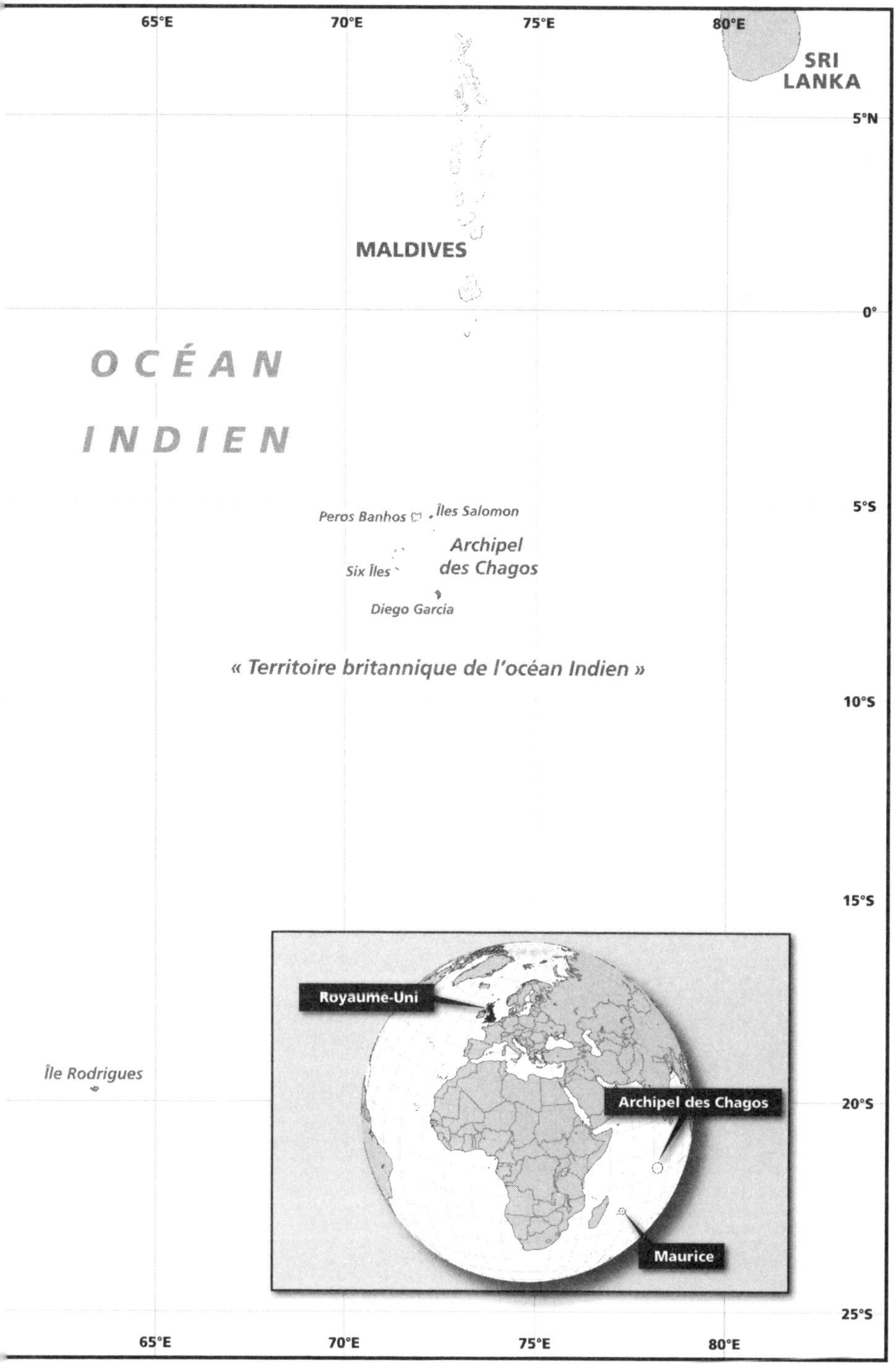
65°E
70°E
75°E
80°E
SRI
LANKA
5°N
MALDIVES
0°
OCÉAN
INDIEN
Peros Banhos
Îles Salomon
5°S
Archipel
des Chagos
Six Îles
Diego Garcia
« Territoire britannique de l'océan Indien »
10°S
15°S
Royaume-Uni
Île Rodrigues
Archipel des Chagos
20°S
Maurice
25°S
65°E
70°E
75°E
80°E

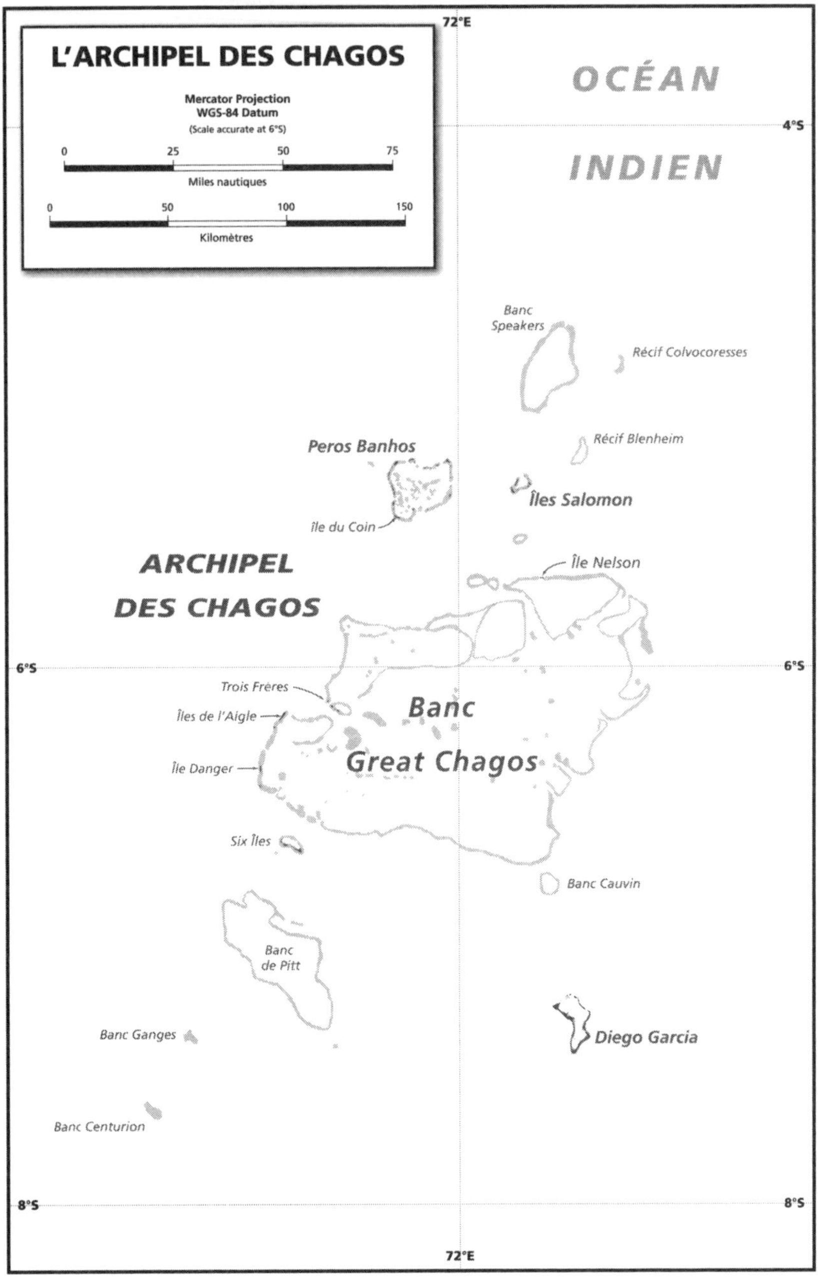

L'ARCHIPEL DES CHAGOS
Mercator Projection
WGS-84 Datum
(Scale accurate at 6°S)
0
25
50
75
Miles nautiques
0
50
100
150
Kilomètres
72°E
OCÉAN
INDIEN
4°S
Banc Speakers
Récif Colvocoresses
Récif Blenheim
Peros Banhos
Îles Salomon
île du Coin
Île Nelson
ARCHIPEL DES CHAGOS
6°S
6°S
Trois Frères
Îles de l'Aigle
Île Danger
Banc Great Chagos
Six Îles
Banc Cauvin
Banc de Pitt
Banc Ganges
Diego Garcia
Banc Centurion
8°S
8°S
72°E

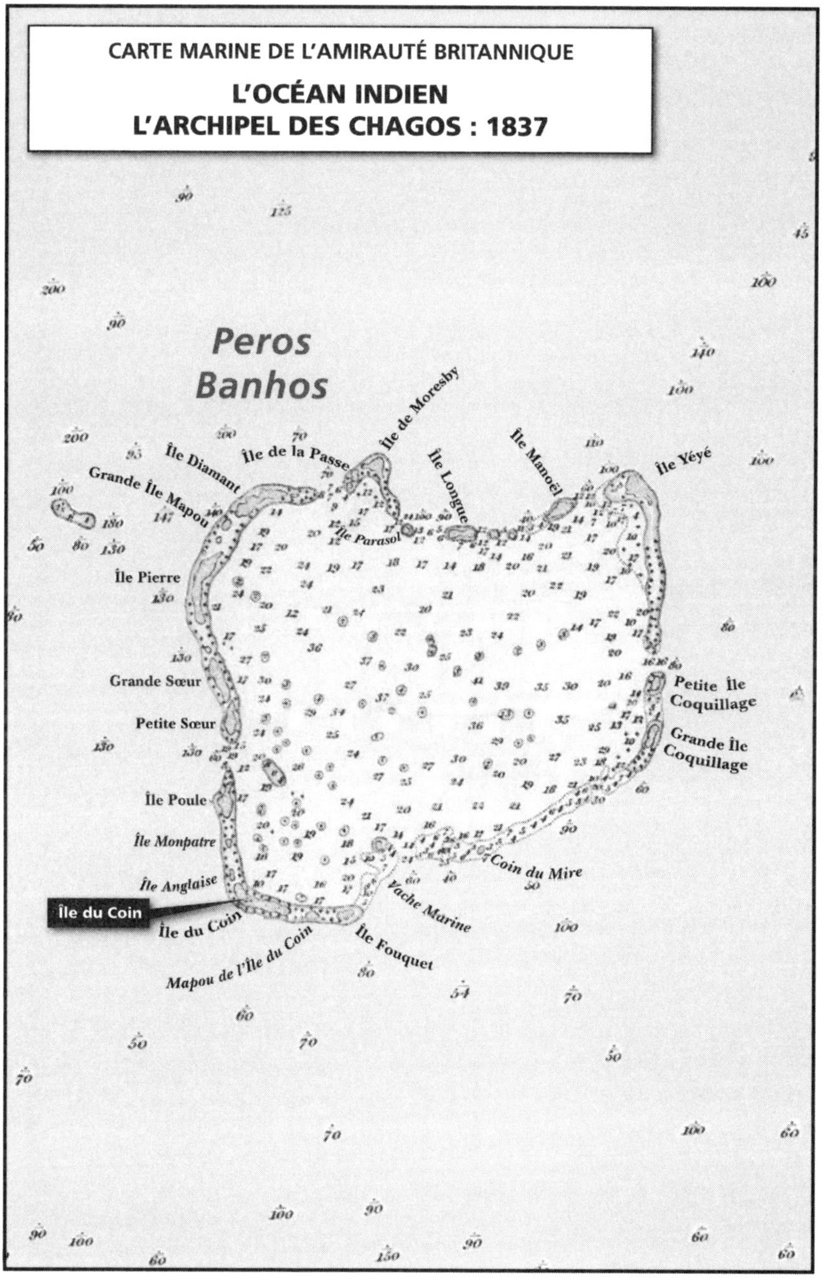
CARTE MARINE DE L'AMIRAUTÉ BRITANNIQUE
L'OCÉAN INDIEN
L'ARCHIPEL DES CHAGOS : 1837
Peros
Banhos
Île de Moresby
Île de la Passe
Île Diamant
Grande Île Mapou
Île Longue
Île Manoël
Île Yéyé
Île Parasol
Île Pierre
Grande Sœur
Petite Sœur
Petite Île
Coquillage
Grande Île
Coquillage
Île Poule
Île Monpatre
Île Anglaise
Île du Coin
Île du Coin
Coin du Mire
Vache Marine
Île Fouquet
Mapou de l'Île du Coin

Prologue : « La Cour ! »

Chagos. Un archipel au nom soyeux comme une caresse, brûlant comme un regret, âpre comme la mort…

Shenaz Patel, *Le Silence des Chagos*, 2005

« La Cour ! »

Par un matin d'été à La Haye, ces mots furent proclamés d'une voix solennelle par un homme en tenue protocolaire au cou duquel pendait une impressionnante chaîne en argent, symbole de l'autorité. Comme à son habitude depuis des années, il annonçait ainsi l'entrée languide dans la grande salle de Justice des éminents juges en robe qui cheminèrent ensuite avec quelque pesanteur vers leur siège respectif, en rang derrière une très longue table. Le président, un homme calme, originaire de Somalie, qui savait d'expérience ce qu'il en coûte de subir la générosité coloniale des Britanniques et des Italiens, se tenait au centre. Il jeta un regard circulaire sur la salle d'audience, détailla les rangs des avocats et des diplomates, des journalistes et des interprètes, sur fond de vitraux et de lustres en cristal, puis nous invita à nous asseoir.

Au deuxième rang, juste derrière moi, se trouvait une petite femme vêtue de noir, à qui le sac à main qu'elle serrait contre elle conférait un air de formalisme et de dignité. Elle avait fait le voyage depuis l'île Maurice en tant que membre de la délégation envoyée par le pays. Elle était là pour raconter une histoire, celle des premières années de sa vie, dans l'espoir que son récit pourrait encourager les quatorze juges présents à orienter leur décision dans une direction qui lui permettrait de regagner sa terre natale. Chez elle, au sens plein de l'expression, là où se trouve le cœur, c'était Peros Banhos, une île minuscule de l'archipel connu sous le nom de Chagos, situé au cœur du vaste océan Indien. De là, cinquante ans plus tôt, avec des centaines d'autres ressortissants, elle avait été chassée par la force.

Liseby Élysé avait vécu heureuse à Peros Banhos jusqu'à ses vingt et un ans. C'est alors que, sans préavis, par un matin de printemps, elle fut raflée par les autorités britanniques qui lui ordonnèrent d'embarquer, avec une simple valise, sur un navire qui devait l'emmener à des milliers de kilomètres de là. « On ferme l'île », lui signifia-t-on. Personne n'expliqua pourquoi. Personne ne mentionna la nouvelle base militaire que les Britanniques avait permis aux Américains d'installer sur l'île voisine de Diego Garcia.

Personne ne l'informa du fait que les Chagos ne faisaient plus partie de Maurice, que sa terre avait été séparée de ce territoire et constituait à présent une nouvelle colonie en Afrique, connue sous le nom de « Territoire britannique de l'océan Indien » (BIOT). Madame Élysé, ainsi que les mille cinq cents personnes environ qui composaient la communauté à laquelle elle appartenait – presque toutes noires et, pour la plupart, descendant d'anciens esclaves employés dans les plantations – furent contraintes de quitter leur foyer puis déportées.

Elle était à La Haye pour participer à l'affaire concernant les îles qui l'avaient vue naître. Les quatorze juges ne savaient pas encore qui elle était et ignoraient le rôle qu'elle jouerait dans la procédure. À la suite de l'interrogation des parties à propos de la dernière colonie britannique en Afrique et de la façon dont elle avait été séparée de Maurice, ils détermineraient si ce territoire, au regard du droit international, appartenait à Maurice ou à la Grande-Bretagne. Les juges sillonneraient les champs de l'histoire et de l'administration coloniales, arpentant les questions de race et de droit, à la lumière des conventions internationales. Ils mettraient à l'épreuve le « principe d'autodétermination » et statueraient sur le droit des peuples à disposer de leur propre destinée, ou leur obligation à voir le cours de leur vie orienté par la volonté des autres.

Madame Élysé était citée comme témoin pour Maurice, le pays d'Afrique que je représentais dans l'affaire. Elle s'exprimerait au nom des Chagossiens, en créole, avec clarté, force et passion. Comme elle ne savait ni lire ni écrire, les juges avaient accepté qu'elle s'adresse à eux par le biais d'un enregistrement effectué en amont de l'audience. Elle les regarderait la regarder, elle, la femme en tailleur noir et chemisier bordé de dentelle, arborant un petit badge bleu et rouge sur lequel on lisait : *Let Us Return!* (« Laissez-nous rentrer chez nous ! »)

Le président ouvrit l'audience par un bref résumé du dossier, puis invita le premier orateur à s'adresser à la Cour. Avec lenteur, sir Anerood Jugnauth – quatre-vingts ans, ancien Premier ministre de Maurice, membre du barreau d'Angleterre et du pays de Galles, conseiller de la reine – gagna le pupitre. Son allocution dura exactement quinze minutes, suivie de celle de deux avocats, puis d'une courte pause-café, avant une troisième intervention. Les avocats et lui lurent un texte dûment préparé, ce qui conférait aux discours un air théâtral, avec les juges dans le rôle du public. Ceux-ci n'interrompirent pas, ne posèrent pas de questions.

Je gagnai, à mon tour, le pupitre. Je m'étais adressé à la Cour bien des fois et cependant, en cette occasion, je me sentais un peu plus anxieux qu'à l'accoutumée. Madame Élysé, à présent installée au premier rang, se leva un instant tandis que je la présentais. « Il faut que la Cour entende directement la voix des Chagossiens, expliquai-je, car cela permettra d'apprécier au plus près les réalités de l'administration coloniale. »

Le témoignage de madame Élysé fut projeté sur deux grands écrans situés au-dessus des juges : des mots et des images diffusés dans le monde entier. Dans la lointaine capitale de Port Louis, sur Maurice, la procédure était retransmise en direct sur la chaîne de télévision nationale. Les amis de madame Élysé s'étaient réunis au centre communautaire pour y assister. Ils pleureraient en l'entendant parler.

*

* *

« Mappel Liseby Élysé. »

Je m'appelle Liseby Élysé. La traduction apparaissait en anglais et en français, en lettres blanches bien détourées au bas de l'image.

« Je suis née le 24 juillet 1953 à Peros Banhos. Mon père est né à Six Îles. Ma mère est née à Peros Banhos. Mes grands-parents aussi sont nés là-bas. Je fais partie de la délégation mauricienne. Je suis venue raconter toutes mes souffrances depuis que j'ai été déracinée de mon île de paradis. Je suis contente que la Cour internationale nous écoute aujourd'hui. Et je suis sûre que je retournerai sur l'île où je suis née. »

À ces mots, l'atmosphère de la grande salle se modifia, un lourd silence se fit, de ceux qui accompagnent un moment important dans un espace public, semblable à celui qui se fait au théâtre ou dans une salle de concert lorsque l'artiste parvient à établir un lien si fort avec le public que l'attention devient soudain palpable, plus intense. Tandis que madame Élysé, à l'écran, parlait sans notes, le président la regardait, en chair et en os, à quelques pas de lui : avalanche de souvenirs, paroles dures et puissantes qui détonnaient avec la pompe de la grande salle.

« À Chagos, tout le monde avait un travail, une famille, une culture. Tout ce que nous mangions était frais. Des bateaux qui venaient de Maurice nous apportaient toutes les marchandises. Nous recevions nos provisions. Nous recevions tout ce dont nous avions besoin. Il ne manquait rien. À Chagos, tout le monde avait une bonne vie. »

Puis le ton changea, devenant moins paisible.

« Mais un jour, l'administrateur nous a dit que nous devions quitter notre île, quitter nos maisons et partir. Tout le monde était mécontent. Les gens étaient en colère qu'on leur dise de partir. Mais nous n'avions pas le choix. Ils ne nous ont pas donné de raison. Jusqu'aujourd'hui, personne ne nous a dit pourquoi on avait dû partir. Mais après ça, les navires qui nous apportaient la nourriture ont arrêté de venir. Nous n'avions rien à manger. Pas de médicaments. Rien du tout. On a beaucoup souffert. Et puis un jour, un bateau qui s'appelait *Nordvaer* est arrivé. »

Madame Élysé s'interrompit un instant.

« L'administrateur nous a dit d'embarquer en laissant tout derrière nous, toutes nos affaires sauf quelques habits, et puis de partir. Les gens étaient très en colère à cause de ce qui avait été fait, et parce que tout se passait dans le noir. »

Elle s'arrêta de nouveau un bref instant, laissant un froncement crisper son front. Elle ne nomma pas l'administrateur – monsieur Willis-Pierre Prosper – ni ne cita la date, qui était le 27 avril 1973, dans la soirée, dans l'obscurité.

« On est montés sur le bateau dans le noir, alors on n'a pas pu voir notre île. Et quand on était sur le bateau, les conditions dans la cale étaient mauvaises. On était comme des animaux ou des esclaves dans ce bateau. Des gens sont morts de chagrin dans ce bateau. »

« Animaux », « esclaves ». Madame Élysé cracha ces mots.

« Et moi j'étais enceinte de quatre mois. Le bateau a mis quatre jours pour arriver à Maurice. Après notre arrivée, mon enfant est né et il est mort. Pourquoi mon enfant est mort ? C'est parce que j'ai été traumatisée sur ce bateau, j'étais très contrariée, j'étais bouleversée. C'est pour ça que quand mon enfant est né, il est mort. »

Elle pinça les lèvres et reprit.

« Je me dis que nous ne devons pas perdre espoir. Nous devons imaginer qu'un jour nous retournerons sur la terre où nous sommes nés. Mon cœur souffre et mon cœur est toujours attaché à l'île où je suis née. »

Imperceptiblement, la caméra zooma sur son visage, accentuant sa détermination et sa colère croissante.

« Personne n'a envie d'être arraché de l'île où il est né, déraciné comme un animal. Ça brise le cœur. Et je me dis que justice doit être faite. »

Elle semblait lutter pour contenir ses émotions, pour maintenir sous contrôle le torrent puissant de sa colère, mais elle ne parvint pas à l'arrêter. C'était comme si la digue qui retenait des décennies de douleur, de colère et d'espoir avait cédé.

« Je dois retourner sur l'île où je suis née. Vous ne voyez pas que le cœur se brise quand on arrache quelqu'un à son île comme un animal et qu'on ne sait même pas où on vous emmène ? »

La voix de madame Élysé se rompit, un tremolo déchira le silence.

« J'ai du chagrin. Je ne sais toujours pas comment j'ai quitté mon île des Chagos. On nous a expulsés de force. Et j'ai beaucoup de chagrin. »

Elle cessa de parler et ferma les yeux.

« Mes larmes coulent tous les jours. Je pense que je dois retourner sur mon île. »

Puis, pour finir, elle lâcha tout.

« J'affirme que je dois retourner sur l'île où je suis née et que je dois mourir là-bas, là où mes grands-parents sont enterrés. Dans l'endroit qui m'a vue naître, dans mon île natale. »

Elle prit une longue inspiration, soupira, se passa la main sur le visage, comme pour le nettoyer entièrement, fixa la caméra et laissa sa tête rouler sur sa poitrine. Elle se mit à sangloter. Comment les juges allaient-ils réagir à l'expression si inhabituelle d'un émoi dans une institution de justice si vénérable ?

*

* *

Madame Élysé avait parlé trois minutes et quarante-sept secondes.

Le silence qui suivit parut interminable. Alors que je me tenais face au banc, j'entendis un son très doux emplir la grande salle de Justice du palais de la Paix à La Haye, le son des larmes.

J'attendis un instant avant de m'adresser à la Cour.

Plus tard, après que l'audience du matin avait pris fin et que madame Élysé et moi nous étions retrouvés à l'extérieur de la salle, elle s'était tournée vers moi, apparemment soulagée. Un sourire chaleureux éclairait son visage.

« Ça s'est bien passé ?

– Oui.

– Je peux vous poser une question ? Pourquoi il nous a fallu tellement d'années pour arriver à La Haye ? »

I.

1945

L'individu [...] est l'unité de mesure ultime de toute loi.

Hersch Lauterpacht, 1943

Afin de répondre à la question posée par madame Élysé, il est indispensable de revenir à un certain jour d'hiver de février 1945, à Cleveland, dans l'Ohio. À cette époque, à un autre pupitre, Ralph Bunche prononça une conférence ardente à l'attention du Council on World Affairs concernant les affaires mondiales et, plus particulièrement, le colonialisme et son avenir. Bunche, fonctionnaire du département d'État américain, était un citoyen américain noir et un fin connaisseur de l'administration britannique et française en Afrique. Son allocution constituait une solide riposte à des propos qu'Arthur Creech Jones, l'expert du parti travailliste britannique en matière de colonialisme, lui avait récemment adressés. Si on donnait le choix aux populations colonisées entre une lente progression sous domination britannique ou la liberté selon une nouvelle règlementation internationale, lui avait expliqué Creech Jones, les populations colonisées opteraient pour la première solution. Et, avait-il ajouté, Bunche

ferait bien de commencer par appliquer ses idées dangereuses concernant la décolonisation à lui-même ainsi qu'aux quinze millions de Noirs résidant aux États-Unis.

« Le monde moderne a pris conscience du fait que la perpétuation du système colonial pose un grave problème moral », déclara le professeur Bunche en réponse[1]. Un peuple a-t-il le droit d'en gouverner un autre de façon permanente ? Non. Dans les semaines qui suivirent, il allait avoir l'occasion de mettre ses idées en application en négociant un nouvel accord international : la Charte qui donnerait naissance à l'Organisation des Nations Unies et entamerait le processus formel amorçant la fin du colonialisme. Bunche s'exprima avec assurance, en tant que membre de la délégation américaine chargée d'élaborer la Charte, dans le but de parvenir à un accord sur la décolonisation. Quelques semaines plus tard, en avril 1945, tandis que les travaux sur le texte du traité international commençaient à prendre forme pour de bon entre les murs de l'opéra de San Francisco, il écrivit à son épouse : « Je me suis senti assez fier cet après-midi, en pensant que j'étais le seul Nègre à siéger au premier étage. » La phase de rédaction dura huit semaines et le résultat figure au chapitre XI de la Charte des Nations Unies sous la mention *Déclaration relative aux territoires non autonomes*. Probablement « la plus avancée des déclarations jamais écrites durant toute l'histoire coloniale[2] », comme l'un des délégués la qualifia. Bunche, quant à lui, reconnaissait les limites de sa tentative, exprimant l'espoir que les nouvelles règlementations seraient amenées à évoluer et qu'elles seraient appliquées en toute bonne foi[3]. Il ne pouvait pas s'imaginer que son travail ouvrirait une voie que madame Élysé emprunterait, des dizaines d'années plus tard, pour se rendre des Chagos à La Haye.

Terre-Neuve

Les origines du chapitre XI de la Charte des Nations Unies et de l'engagement qu'il amorce dans la voie de la décolonisation remontent à plusieurs moments révolutionnaires, en Amérique, en France et dans d'autres endroits du globe, ainsi qu'à des écrits philosophiques et politiques relatifs aux relations entre l'individu et la communauté dont il fait partie[4]. Ces idées sont présentes dans trois articles que Vladimir Ilitch Lénine publia en 1914 au sujet du « droit des nations à disposer d'elles-mêmes », un appel à mettre un terme à toute forme de domination extérieure[5]. Quatre ans plus tard, le Président des États-Unis, Woodrow Wilson, exposa au Congrès des idées similaires concernant les intérêts des populations colonisées. L'un des quatorze points qu'il développa évoquait le principe d'une « autonomie des peuples » pour les peuples non allemands de l'Autriche-Hongrie et les peuples non turcs de l'Empire ottoman, reposant sur l'idée de l'autodétermination des peuples[6]. Ces vues influencèrent d'autres théoriciens comme W. E. B. Du Bois ou Eliezer Cadet, ainsi que l'Association universelle pour l'amélioration de la condition noire (Universal Negro Improvement Association), fondée par Marcus Garvey. Dans les années qui suivirent la Première Guerre mondiale, ceux-ci firent pression en faveur du « droit à l'autodétermination » et pour obtenir que la souveraineté des colonies allemandes en Afrique soit restituée aux « populations indigènes »[7].

Deux décennies plus tard, en 1941, alors que la guerre faisait de nouveau rage, les forces allemandes envahirent le territoire soviétique et les pays d'Afrique du Nord. Elles menaçaient le contrôle que la Grande-Bretagne exerçait sur l'Égypte et le canal de Suez, voie d'accès à Maurice, à l'Inde et à d'autres régions colonisées[8]. À l'est, le Japon représentait lui aussi un danger pour les colonies britanniques, hollandaises et françaises. Alors qu'il n'était pas encore engagé dans la guerre, le Président Franklin Delano Roosevelt profita de ce moment pour proposer une rencontre au Premier Ministre anglais, Winston Churchill. « Quelque part dans l'Atlantique », murmura Churchill, énigmatique, à la presse, pour désigner un lieu tenu secret.

Les deux hommes se retrouvèrent le samedi 9 août 1941, à bord de l'*USS Augusta*, amarré dans la baie de Little Placentia Sound, sur la côte de Terre-Neuve, une colonie britannique. Le lendemain, ils discutèrent les bases d'une déclaration commune qu'ils pourraient élaborer. Le fils du Président américain, le capitaine Elliott Roosevelt des US Army Air Forces, rapporte qu'il fut témoin, lors du dîner qui suivit, d'une querelle « très tendue » entre Roosevelt et Churchill, à propos du colonialisme et de l'Empire britannique[9]. Le Président américain provoqua Churchill en lui disant qu'il souhaitait mettre fin au commerce préférentiel et autres accords économiques qui régissaient les colonies britanniques.

« L'Angleterre n'envisage pas un instant de perdre sa position privilégiée parmi les territoires britanniques », répondit Churchill, agacé. Roosevelt rétorqua qu'une paix durable ne serait possible qu'à condition de permettre la « croissance des pays sous-développés » et que, si l'on voulait vaincre le fascisme, leurs deux pays devaient œuvrer ensemble pour libérer les peuples d'un « joug colonial arriéré ».

Churchill tenta en vain de changer de sujet. Les États-Unis ne souscriraient pas au colonialisme, poursuivit Roosevelt, et accorderaient leur soutien aux « mouvements populaires » pour l'indépendance et l'autonomie. Si l'on examine à présent les années de guerre froide qui suivirent et, plus tard, les événements au Chili, au Nicaragua, en Irak et en Afghanistan, entre autres, on peut sans difficulté faire l'hypothèse d'un soupçon d'hypocrisie de la part des États-Unis. Roosevelt espérait remplacer le colonialisme britannique par un Nouveau siècle américain, et l'une de ses idées allait d'ailleurs être développée sous la bannière du principe de l'autodétermination[10].

Des opinions tranchées furent échangées plusieurs jours durant. Les Américains établirent une ébauche de texte, mais Roosevelt n'en dévoila pas le contenu à Churchill, de peur que le projet ne soit rejeté d'emblée. Il valait mieux permettre aux Anglais d'établir une esquisse de leur côté, à laquelle les Américains pourraient réagir. Le subterfuge fonctionna. La première esquisse de la « charte de l'Atlantique » était, disait Churchill, une « production britannique formulée dans mes propres termes ».

Il venait de tomber dans le piège tendu par Roosevelt.

Le document préparatoire fut retravaillé, des mots furent ajoutés ou modifiés, d'autres furent supprimés. Des phrases furent insérées, de nouveaux points soulevés. Au bout de trois jours, les deux hommes tombèrent d'accord sur un texte court qui présentait leurs « espoirs d'un avenir meilleur pour le monde ». Il incluait le respect des territoires, une coopération économique accrue, la fin des privilèges commerciaux liés à la domination coloniale, l'application des libertés individuelles et des limites imposées au recours à la force militaire.

La charte de l'Atlantique tenait sur une page dactylographiée composée de huit brefs paragraphes. Le temps venu, le troisième s'avérerait déterminant pour le sort de Maurice et de madame Élysé, par le biais des mots qui contraignaient la Grande-Bretagne et les États-Unis à « respecter le droit qu'a chaque peuple de choisir la forme de gouvernement sous laquelle il doit vivre ». L'idée était révolutionnaire, évoquant la notion selon laquelle on devait rendre « les droits souverains et le libre exercice du gouvernement » à « ceux qui en ont été privés par la force ». Lorsqu'il écrivit ces mots, Churchill était loin de se douter de la façon dont ils seraient interprétés et appliqués.

La charte de l'Atlantique fut largement diffusée et commentée dans la presse. Une déclaration d'intentions, nota le magazine *The New Yorker*[11], de très bonnes intentions, qui plus est, même si elles demeurent ouvertes aux interprétations. Roosevelt considérait la Charte comme l'annonce de la fin des empires. Mettant en pratique les quatorze points que Wilson avait développés dans son adresse au Congrès, elle représentait, à ses yeux, un outil permettant aux peuples de l'est de l'Europe de définir « leur propre État-nation[12] ».

Churchill lisait le texte différemment. Non, assura-t-il à la Chambre des communes, la charte de l'Atlantique n'impliquait pas la fin des colonies britanniques[13] – son fameux paragraphe 3 ne concernait que les populations « subissant le joug nazi ». Ceux qui devaient allégeance à la Couronne, en Inde, en Birmanie, à Maurice et dans le reste de l'Empire britannique, ne seraient pas concernés par l'engagement exprimé dans le troisième paragraphe[14].

La lecture de Churchill ne fut pas unanimement partagée. À travers l'Afrique, nombreux furent ceux qui interprétèrent les termes du troisième paragraphe comme s'appliquant à eux et aux colonies présentes sur leur continent[15], et comme un engagement en faveur de « l'africanisation » des gouvernements[16]. En Afrique du Sud, un jeune homme du nom de Nelson Mandela ne considérait pas les propos de la charte de l'Atlantique comme des promesses vides, mais comme le premier pas vers une « citoyenneté pleine », un droit à la terre et la fin de « toute législation visant à la discrimination »[17].

Le monde du droit international était – et demeure – conservateur et prudent, mais, une fois que des mots ont été prononcés et agréés, ils acquièrent une vie propre. Quelques mois après que la charte de l'Atlantique fut publiée, le troisième paragraphe fut repris et l'idée qu'il développait fut intégrée à la Déclaration des Nations Unies, adoptée à Washington DC en janvier 1942. Vingt-six pays acceptèrent de s'unir contre l'Allemagne et le Japon, dont l'attaque contre Pearl Harbor, un mois auparavant, avait précipité l'entrée des Américains dans le conflit mondial. L'Union soviétique et la Chine figuraient parmi les nations qui s'engagèrent, sous la bannière de la charte de l'Atlantique, pour l'autodétermination et appelèrent à la conservation des « droits humains et [de] la justice dans leur propre pays ainsi que dans les autres nations ».

En quelques années, près d'une cinquantaine de pays adhérèrent à la Déclaration de 1942, dont quatre au sein du continent africain : l'Égypte, l'Éthiopie, le Libéria et l'Afrique du Sud. L'engagement pour la décolonisation prenait forme, même si les modalités en étaient encore incertaines.

En février 1945, à la conférence de Yalta, où Churchill, Roosevelt et Staline se réunirent pour discuter la défaite de l'Allemagne et des mesures à prendre pour construire le monde d'après-guerre, Churchill s'opposa de nouveau aux tentatives de Roosevelt pour soumettre les colonies britanniques aux règles internationales et à un examen spécifique. « Je ne tolérerai pas que l'Empire britannique puisse être mis au banc des accusés et examiné par tous afin de décider s'il satisfait ou non à leurs critères », déclara le Premier Ministre à Staline. « Jamais, jamais, jamais... chaque parcelle de territoire sur laquelle flotte le drapeau britannique doit demeurer intacte[18]. »

Les États-Unis se mobilisèrent pour créer une nouvelle organisation, les Nations Unies. Le secrétaire d'État désirait trouver un individu dévoué et possédant une bonne connaissance de l'Afrique pour entamer la décolonisation. « Nous voulons engager, pour traiter les futurs problèmes liés au colonialisme auxquels cette organisation internationale aura à faire face, l'homme le plus qualifié, et il se trouve que cet homme est un Nègre[19] », expliqua le secrétaire général de la conférence des Nations Unies. Cet homme était Ralph Bunche, un diplômé de sciences politiques qui travaillait sur le colonialisme au sein du département d'État, fervent défenseur de la décolonisation et de l'autodétermination, s'inspirant de son expérience face aux préjudices raciaux en vigueur aux États-Unis[20].

En juin 1945, soit un mois après la fin de la guerre en Europe, cinquante pays signèrent la Charte des Nations Unies, qui prenait ainsi le relais de la défunte Société des Nations (SDN). Cette charte établit un Conseil de sécurité, organe puissant qui comptait quinze membres – dont cinq permanents (les États-Unis, le Royaume-Uni, la France, la Chine et l'Union soviétique) et dix autres élus pour une durée de deux ans –, dans le but de maintenir la paix et la sécurité internationales. Les autres organes créés incluaient une Assemblée générale constituée des quinze membres, agissant comme « instance de délibération et d'élaboration des politiques », ainsi qu'une Cour internationale de justice, instance judiciaire principale de l'ONU. Quinze juges réunis au palais de la Paix à La Haye seraient chargés de résoudre les contentieux entre États (en mai 1947, la Grande-Bretagne fut la première à introduire une plainte devant la Cour, dénonçant l'Albanie pour avoir mouillé des mines dans le détroit de Corfou, violant ainsi la législation internationale et les « préceptes d'humanité[21] »). Les juges étaient également mandatés pour donner des avis consultatifs concernant « toute question légale », à la demande du Conseil de sécurité ou de l'Assemblée générale.

Les Américains firent pression pour que la décolonisation figure au sein de la Charte, sous un autre nom toutefois. La « conférence la plus pénible à laquelle il m'ait été donné de participer », noterait Ralph Bunche, avec la question de la tutelle, de la décolonisation, sujet « brûlant » entre tous, et des « querelles sévères à chaque étape »[22]. Il parvint largement à ses fins : la décolonisation devint un des objectifs fondamentaux des Nations Unies, dans la mesure où l'article 1 de la Charte exigeait de ses membres qu'ils respectent le « principe de [...] l'autodétermination des peuples ». Les mots étaient audacieux et significatifs, le langage utilisé, celui du compromis, un signal envoyé aux Britanniques et aux Français, qui craignaient de perdre leurs colonies[23]. « Cela ne va pas aussi loin que je l'aurais aimé, remarqua Bunche, mais c'est mieux que tout ce à quoi on pouvait s'attendre[24]. »

La Charte ne mentionnait pas les colonies. Au lieu de cela, le chapitre XI évoquait les « territoires non autonomes », une formulation moins incendiaire et plus acceptable pour les Européens anxieux. L'article 73 imposait des responsabilités à ceux qui administraient des « territoires dont les populations ne s'administrent pas encore complètement » : les colonisateurs devaient reconnaître les intérêts et le bien-être des colonisés comme une « primauté », et aider les populations à développer leur capacité à s'administrer elles-mêmes. La manière dont cela se déroulerait dépendrait du « degré variable de développement » de chaque colonie. La Charte créa un nouveau régime international de tutelle afin d'administrer d'autres régions, connues sous le nom de « territoires sous tutelle », sous la responsabilité d'un conseil de tutelle.

Ainsi, la Charte des Nations Unies créait un cadre susceptible d'accueillir le changement, un engagement embryonnaire vers la décolonisation. Le texte reflétait une entente, un accord portant en lui le désaccord, les États-Unis d'un côté, la Grande-Bretagne de l'autre. Mais c'était un début et, comme c'est le cas avec bien des choses dans la vie, une fois qu'une idée est lancée, il se peut que rien ne l'arrête.

Déportation

Tandis que la primauté était accordée aux intérêts des colonisés, d'autres avancées au sein du droit international cherchaient à promouvoir les droits des individus et des groupes. Un nouveau système des droits de l'homme était en train d'émerger à mesure que des gouvernements s'orientaient vers des idées inédites, dont le droit des populations à n'être pas arrachées de force à leur foyer pour être transférées ailleurs.

Un des catalyseurs de cette évolution fut le national-socialisme et le concept de *Lebensraum*, la création d'un « espace vital » plus important réservé aux Allemands d'origine aryenne à travers toute l'Europe[25]. La politique induite par le *Lebensraum* fut brutale, des habitants furent raflés, déportés et remplacés par des colons allemands[26]. Les conséquences effroyables de ces pratiques conduisirent les rédacteurs du statut de Nuremberg, réunis à Londres à l'été 1945 dans le but de créer le premier tribunal pénal international, à poursuivre les chefs nazis au motif de « crimes contre l'humanité[27] ». Ce concept inédit en droit fut promu par Hersch Lauterpacht, un professeur de Cambridge, dont le nouveau livre sur la pertinence d'une proposition de loi internationale en matière de droits de l'homme offrit une ébauche à la Déclaration universelle des droits de l'homme.

La notion de « crimes contre l'humanité » au procès de Nuremberg incluait la « déportation », le déplacement forcé d'un groupe de personnes d'un territoire à un autre. Un fait qui me touche personnellement car, comme je l'ai écrit dans *Retour à Lemberg*, deux de mes arrière-grands-mères furent déportées de Vienne, l'une à Theresienstadt et l'autre à Treblinka, où elles périrent. L'une comme l'autre n'eurent le droit d'emporter qu'une unique valise. Les accusations portées contre de nombreux nazis inculpés à Nuremberg incluaient leur rôle dans la mise en place du *Lebensraum* dans le cadre de « l'ordre nouveau » allemand qui prévoyait de démanteler les colonies britanniques en Afrique et dans le reste du monde, tout en colonisant la Pologne et d'autres territoires européens[28].

Dans le plaidoyer liminaire qu'il adressa au tribunal de Nuremberg, le 21 novembre 1945, le procureur américain Robert Jackson aborda la question de la déportation et des colonies nazies et l'appropriation par Hitler de l'idée du droit des peuples à disposer d'eux-mêmes[29] pour justifier cette politique expansionniste. Jackson établit une distinction entre l'attitude de l'Allemagne et les approches « légitimes » du colonialisme par les Français et les Britanniques, ces derniers, affirma-t-il, n'ayant pas recouru à « une guerre d'agression »[30]. Sir Hartley Shawcross, le procureur britannique, mit l'accent sur la légitimité de l'Empire britannique[31] et sur l'illégitimité de la guerre menée par les Allemands contre ce dernier[32]. En octobre 1946, neuf inculpés sur vingt-quatre furent reconnus coupables de crimes contre l'humanité, y compris pour le rôle qu'ils avaient joué dans les déportations. Sept furent pendus.

De cette façon, le procès de Nuremberg jeta les bases de nouveaux principes qui se développèrent par la suite, à travers différentes époques et dans différents lieux, faisant de la déportation un « crime contre l'humanité». C'est ainsi, dans les grandes lignes, que fonctionne le droit international: quelqu'un développe une idée, puis la rédige (sous forme d'article ou de livre), elle germe alors et fait l'objet d'un texte juridique convenu, puis migre dans un autre texte juridique et finit par développer une forme d'existence autonome à mesure que les juges en interprètent et appliquent les termes. Les idées qui présidèrent aux trois chartes – celle de l'Atlantique, celle de l'ONU et celle de Nuremberg – pollinisèrent et se répandirent ailleurs, pour finalement atteindre les juges.

En décembre 1946, l'Assemblée générale des Nations Unies, lors de sa toute première tenue, détermina que la déportation constituait un «crime contre l'humanité». Deux ans plus tard, en 1948, à Paris, l'Assemblée adopta la Déclaration universelle des droits de l'homme. Muette concernant l'autodétermination et le colonialisme, la Déclaration reconnaissait néanmoins que chacun d'entre nous, en tant qu'être humain, possède un «droit au retour».

Au cours de l'été qui suivit, les gouvernements se réunirent à Genève pour signer un nouvel accord concernant les crimes de guerre, afin d'offrir une meilleure protection aux civils en temps de conflit armé. La convention de Genève, qui date de 1949, interdisait explicitement le «déplacement forcé» d'individus ou de groupes, aussi bien que leur déportation d'un territoire à un autre[33]. La Croix-Rouge espérait que ces nouvelles règlementations mettraient fin à jamais à la pratique «odieuse» de la déportation. La Grande-Bretagne apporta son soutien actif au traité et fut parmi les premiers pays à le signer[34].

Les années d'après-guerre furent décisives, car c'est alors que furent posées les bases d'un nouvel ordre légal. En 1950, Ralph Bunche devint la première personnalité noire à recevoir le prix Nobel de la paix; à Maurice, région colonisée, il devint une figure d'inspiration pour les étudiants[35]. Cette même année, les pays européens signèrent la Convention européenne des droits de l'homme, le premier traité offrant à un individu le droit de porter plainte contre son propre pays devant une cour internationale.

La Grande-Bretagne soutint la Convention, qui entra en vigueur en 1953. Cependant, Londres prit soin d'exclure Maurice des colonies auxquelles la Convention s'appliquait, afin que ses ressortissants, y compris les habitants de Peros Banhos et des autres îles des Chagos, ne puissent en aucun cas se réclamer des droits qui, autrement, leur auraient été acquis, les privant ainsi de sa protection et de celle qu'allaient offrir les protocoles suivants. L'un de ces protocoles interdirait, quelques années plus tard, que quiconque soit expulsé d'un territoire ou d'un État dont il est citoyen[36]. La Grande-Bretagne ne le signa jamais[37].

À l'époque où la Convention européenne imposait sa règlementation au Royaume-Uni, une enfant naquit de Marcelle et Charles Bertrand, qui habitaient alors l'île du Coin, l'une des nombreuses îles composant l'archipel de Peros Banhos et des Chagos. Elle fut baptisée dans la seule église de l'île, aux murs de briques peints en blanc et au toit de tuiles rouges. Liseby, ainsi qu'on la nomma, était une enfant du colonialisme, sujette de la Couronne britannique mais possédant moins de droits que ceux qui administraient son lieu de naissance.

Peros Banhos

Peros Banhos comprend environ trente-cinq îles et îlots, dont sept étaient habités lorsque Liseby Bertrand vit le jour au cours de l'été 1953. L'île du Coin était la plus peuplée, une langue de sable plantée de cocotiers, abritant environ quatre cents âmes.

À l'époque où Liseby naquit, Peros Banhos était une colonie britannique depuis un siècle et demi, administrée comme une dépendance de Maurice. Elle était gouvernée depuis Londres, conséquemment au traité de Paris, signé en mai 1814, qui avait mis fin aux guerres napoléoniennes, interdisait le commerce international des esclaves et cédait plusieurs colonies françaises à la Grande-Bretagne. L'une d'elles, connue sous le nom d'« île de France » et baptisée Maurice par les Anglais, était une île plus vaste que les autres, issue de l'activité volcanique et qui devint une colonie britannique dans le même temps que ses dépendances, dont l'archipel des Chagos. Peros Banhos se situait à 2 000 kilomètres de l'île de France et à cinq fois cette distance de Londres et de Paris. Le territoire le plus proche, à quelque 500 kilomètres, était les Maldives, un protectorat britannique.

Liseby est née sujette d'une colonie britannique par suite d'un accident de l'histoire. Elle aurait pu être portugaise, dans la mesure où son île avait été honorablement revendiquée en 1513 par Afonso de Albuquerque, navigateur et gouverneur de l'Inde portugaise. Elle aurait été, disent certains, baptisée en l'honneur de Pêro dos Banhos, un explorateur portugais qui y périt en 1555, lorsque son navire, le *Conceyção*, s'échoua sur ses côtes, bien que certains doutes aient été émis quant à la situation géographique réelle de l'atoll tel qu'il apparaît dans la tragédie rapportée par Manoël Rangel, un membre de l'équipage, dans son récit *A Tragédia dos Baixos de Pêro dos Banhos*[38].

Rangel rapporta les souffrances des cent soixante-cinq voyageurs qui survécurent au naufrage, dont deux femmes et cinq prêtres catholiques. Ils se retrouvèrent abandonnés sur une petite île plate, couverte de mauvaises herbes et de cocotiers, où ils purent s'abreuver en creusant dans le sable des puits peu profonds ; l'îlot était, en outre, peuplé de tortues et de milliers d'oiseaux. À leur grande surprise, ils furent, quelque temps plus tard, en un autre lieu, salués par un « groupe de Noirs » à bord de bateaux[39].

Ce furent finalement les Hollandais qui prirent possession des Chagos, y compris de l'île de Peros Banhos, jusqu'en 1769, date à laquelle la France revendiqua Diego Garcia, la plus vaste des îles. Monsieur Pierre-Marie Le Normand, un Français, se vit accorder une concession pour y cultiver une plantation de cocotiers, avec l'aide d'esclaves amenés d'endroits aujourd'hui connus sous les noms de Mozambique et de Madagascar, sur la côte est de l'Afrique du Sud. Les esclaves, dont faisaient partie les ancêtres de madame Élysé, travaillaient le copra pour en extraire une huile précieuse.

En 1810, les Britanniques délogèrent les Français de l'île de France. Quatre ans plus tard, au terme d'un traité de paix, le territoire fut cédé, officiellement, à la Grande-Bretagne, tout comme les Chagos. Cinq ans après, la traite des esclaves fut formellement interdite sur toutes les possessions, territoires et dépendances du gouvernement de Sa Majesté, même « les plus reculés et les plus petits ». Les habitants de Peros Banhos réduits en esclavage obtinrent ainsi un certain degré de liberté, qui n'était peut-être que de pure forme car aucun changement dans leurs conditions de vie réelles ne fut enregistré[40].

Les Britanniques conservèrent le contrôle et, durant la Seconde Guerre mondiale, les îles des Chagos offrirent des stations de ravitaillement en carburant pour les bateaux de guerre. En 1945, lorsque l'autodétermination fut inscrite dans la Charte de l'ONU, les habitants des Chagos – y compris les « Îlois », nés sur les îles, et les ouvriers sous contrat – étaient employés, pour la plupart, par la Société huilière de Diego et Peros, qui prodiguait emplois et logements aux travailleurs de l'huile, et une éducation à leurs enfants.

Il est difficile de glaner des informations concernant la vie sur Peros Banhos à l'époque, et peu de photographies demeurent[41]. Sur l'une d'elles (en couverture du livre), on voit le front de mer de l'île du Coin, à l'époque où madame Élysé vit le jour, et on y trouve quelques indices permettant d'imaginer le quotidien sur l'île. Deux hommes blancs se promènent le long d'une jetée en béton, l'un d'eux porte un chapeau et un appareil photo. Des rails courent tout au long de la jetée, sur laquelle on distingue un filet de pêche. Deux grosses barques s'apprêtent à accoster, transportant quatre hommes noirs torse nu. Un câble électrique court d'un poteau de bois à l'autre. Un policier, de dos, s'éloigne, vêtu d'un uniforme clair. Sa ceinture, sa casquette à visière et sa matraque sont autant de signes de l'autorité coloniale.

Sur un autre cliché, on découvre la maison de l'administrateur de l'île, à un étage, peinte en blanc. Elle possède un balcon couvert, dont deux gros piliers en pierre indiquent l'entrée, desservie par un escalier menant au premier. Quatre visiteurs se tiennent près du bâtiment, tous blancs, aux abords d'une pelouse clôturée, sur laquelle on voit deux bancs de bois. Les cocotiers ploient sous la brise, un parterre de fleurs soigneusement entretenu complète le tableau. On en retire une impression d'ordre et de tranquillité, la sérénité de l'autorité coloniale.

Une troisième photo montre l'intérieur de la petite église où madame Élysé fut baptisée : rangées de bancs en bois sous une charpente apparente. Une statue du Christ se dresse, bras ouverts, encadrée de deux autres statues figurant des dames coiffées de couronnes, les mains jointes, le visage béat. La peinture sur les murs est craquelée, on distingue ici et là des taches d'humidité. Sur l'autel, deux vases, emplis d'arrangements floraux rudimentaires.

Nous avons là les portraits du pouvoir colonial et de la dévotion religieuse, agrémentés du confort moderne qu'offrent l'électricité et les transports, une image de l'habitabilité d'un Empire britannique en train de s'effilocher.

La Transjordanie fut la première colonie britannique à quitter la Couronne, peu de temps après la fin de la Seconde Guerre mondiale, puis ce fut l'Inde, au terme d'un bain de sang, avec un territoire d'abord divisé en deux, puis en trois pays. Le mouvement amorcé alors prit bientôt de la vitesse : le mandat britannique sur la Palestine prit fin ; la Birmanie et Ceylan acquirent leur indépendance ; Terre-Neuve fut rattachée au Canada ; la Libye, après avoir connu le joug colonial italien, passa du contrôle britannique et français à l'indépendance ; l'Érythrée fusionna avec l'Éthiopie.

Une grande partie de l'Afrique demeura, cependant, sous administration coloniale. La France, l'Espagne, le Portugal, la Belgique, tout autant que la Grande-Bretagne, s'accrochaient à leurs possessions et à leurs sujets, aussi lointains fussent-ils. À Maurice, le gouverneur britannique, sir Hilary Rudolph Robert Blood, était confortablement lové dans son « paradis de la taille d'un mouchoir de poche[42] », comme il l'appelait.

Tel était le monde, à l'aube du 24 juillet 1953, date de naissance de Liseby Bertrand, environ sept semaines après le couronnement d'Élisabeth II, sa reine. À Londres, *I Believe*, par le chanteur américain Frankie Laine, venait de perdre la première place au sommet du hit-parade.

Liseby, 1953

Liseby est une conteuse hors pair, et j'ai adoré écouter ses récits, avec leur structure narrative claire et riche, dévoilant la mémoire collective d'un peuple et d'un lieu.

« Je suis née en 1953, sur l'île du Coin, qui faisait partie de Peros Banhos. Mon père s'appelait Charles Bertrand. Il avait trente-cinq ans à ma naissance. Il est né le 26 avril 1917 sur Six Îles, que les Anglais appelaient Egmont Islands. Il était boulanger et faisait du pain pour les ouvriers de la Société huilière de Diego et Peros, l'entreprise qui s'occupait des plantations de cocotiers et préparait le copra, à partir duquel on produisait de l'huile.

» En 1960, quand j'étais petite, l'entreprise a été rachetée par la Chagos Agalega Company, dont le siège se trouvait aux Seychelles. Je crois qu'elle était dirigée par monsieur Mouliné. En plus de son travail de boulanger, mon père cultivait des légumes.

» Ma mère s'appelait Marcelle, elle était de la famille Antalika. Elle était plus jeune que mon père. Elle était née dans les années 1930, je ne connais pas la date exacte. Comme moi, elle est née à Peros Banhos, sur l'île du Coin. Elle s'occupait des enfants. On était sept, moi, mes cinq frères – Alexis, France, Hervé, Cyril et Sylvie, que tout le monde appelait Toto – et ma sœur, Ailine. Comme tous les Chagossiens, ma mère travaillait aussi à la préparation du copra pour la plantation.

» Où est-ce qu'on habitait ? Comme tout le monde, dans une case avec des murs en bois et en paille. Le toit aussi était en paille, recouvert de feuilles de cocotier. Nous n'avions ni électricité ni eau courante. On allait cherchait l'eau au puits pour cuisiner et se laver. C'était très bien comme ça. On avait tout ce qu'il nous fallait.

» Je ne sais pas tellement de choses sur les origines de ma famille. Mon père aimait nous raconter des anecdotes sur la famille. Il parlait créole, c'était notre langue, celle que je parle encore aujourd'hui. Il parlait souvent de ses parents ; même si je ne me rappelle pas ma grand-mère, j'ai beaucoup entendu de choses sur elle dans les histoires que mon père racontait.

» Mon père nous expliquait comment les Blancs étaient arrivés sur les îles, il disait qu'ils avaient amené des Noirs avec eux. Il disait que nos ancêtres venaient du Mozambique, qu'ils étaient arrivés comme esclaves, mais je n'ai pas de preuves de ça, je ne connais pas les détails. En fait, je n'ai aucune idée du moment où mes ancêtres sont arrivés. Je n'ai pas de date, on ne m'a jamais dit en quelle année. C'étaient juste des histoires que mon père racontait sur comment on était arrivés sur l'île[43].

» Nous étions catholiques et pratiquants. Tous les dimanches on allait à la messe, à l'église de l'île du Coin. C'était une petite église blanche, très jolie. Parfois, un prêtre venait de Maurice, environ une fois tous les trois mois, ou peut-être moins souvent, tous les six mois. La plupart du temps, quand il n'y avait pas de prêtre, c'était l'administrateur de l'île qui célébrait la messe. Il s'appelait Robert Talbot. C'était un Mauricien, et je crois que son frère était né à Peros Banhos.

» Monsieur Talbot vivait dans une grande maison, avec au moins un étage, celle qu'on voit sur la photo (p. 41). Il y avait un grand escalier qui menait à l'entrée. C'était à côté de l'église. Il a vécu là jusqu'au moment où la compagnie, qui était seychelloise, a été reprise par les Anglais. C'était plus tard, dans les années 1960, je crois.

» Il y avait tout ce qu'il fallait au village. Un magasin, des hangars pour les bateaux, une menuiserie, une étable, une forge, une prison, une chapelle, une mission et aussi une minoterie. Il y avait des petites fabriques, un générateur électrique, des enclos pour les vaches et pour les tortues de mer, un abattoir et une jetée avec un mât pour hisser le drapeau britannique. Il y avait un hôpital et un terrain de football, et puis une école qui avait ouvert en 1956[44].

» Quand j'avais sept ans, ma mère est tombée malade. Toute la famille est allée à Maurice, en bateau, jusqu'à Port Louis. On est restés là un peu, mais la santé de ma mère ne s'est pas améliorée. Elle est morte. Je suis retournée avec mon père à Peros Banhos. Je suis restée à l'école, qui avait ouvert quelques années plus tôt, encore deux ans, mais ça s'est arrêté quand j'avais neuf ans. Je n'ai jamais appris à écrire ni à lire. C'est à ce moment-là que j'ai commencé à travailler, j'aidais mon père au jardin, pour faire pousser les légumes.

» J'étais une petite fille très heureuse. Je me rappelle Peros Banhos comme un paradis. On avait tout ce qu'on voulait. On avait un toit et de l'eau. On avait des amis et de la famille. On avait à manger. Il y avait du poisson, les légumes que mon père faisait pousser, et on avait des poules. »

Liseby ne possède aucune photo d'elle à Peros Banhos, mais son neveu, Olivier Bancoult, m'en a montré d'autres qui traduisent l'atmosphère de cette période. Liseby était trop jeune pour se souvenir de la visite que sir Robert Scott, le gouverneur britannique, fit à Peros Banhos en 1955. Débarquant coiffé d'un chapeau à plumes, il fut acclamé par des enfants massés sur le quai qui chantaient *God Save the Queen* tout en agitant de petits Union Jacks. Dans l'entrepôt, où on stockait les marchandises de bouche, son équipe projeta un film de Charlie Chaplin et un autre avec Johnny Weissmuller dans le rôle de Tarzan[45].

« Qu'est-ce que j'ai encore comme souvenirs de mon enfance ? J'adorais grimper aux arbres, aux moringas. Je crois que vous les appelez arbres à bâtons, à cause des longues gousses qui pendent des branches. On faisait cuire les feuilles de moringa dans du lait de coco, ou alors on faisait de la soupe avec de l'huile, de l'ail et de l'oignon. On aimait jouer avec les gousses, les *batons mouroum* on les appelait. On faisait de la musique avec les bâtons. Je me souviens de la musique. Tous les samedis soir, il y avait un bal, pour toute la communauté, tout le monde y allait ensemble. On appelait ça *la soirée*. On avait notre propre musique et nos propres chansons qu'on adorait chanter. On dansait. On adorait danser jusqu'à tard dans la nuit.

» Et puis, un jour, tout a changé. »

II.

1966

Le but, c'est de les effrayer à coups d'espoir.

Note à Harold Wilson, septembre 1965

Lundi 18 juillet 1966, 15 heures. Quatorze juges de la Cour internationale de justice pénètrent dans la grande salle de Justice pour rendre leurs décisions sur deux affaires importantes, portées par le Libéria et l'Éthiopie contre l'Afrique du Sud. À des milliers de kilomètres de là, à Peros Banhos, Liseby Bertrand se prépare à célébrer son treizième anniversaire, aussi joyeuse qu'inconsciente de la bataille coloniale qui fait rage à La Haye.

La Cour avait été saisie pour exiger de l'Afrique du Sud qu'elle rende des comptes concernant la discrimination raciale qu'elle exerçait à l'encontre des habitants du Sud-Ouest africain – l'actuelle Namibie – et son refus de permettre à l'ancienne colonie de devenir un pays indépendant. Six ans plus tôt, l'Assemblée générale de l'ONU avait adopté la résolution 1514 sur «l'octroi de l'indépendance aux pays et aux peuples coloniaux».

Le président de la cour, à l'époque, était sir Percy Spender, ancien ministre australien des Affaires étrangères et ambassadeur aux États-Unis. Spender était considéré comme un homme qui s'était fait seul, capable, énergique, élégamment corrosif, un mouchoir blanc en pochette quelle que soit l'occasion et une moustache impeccablement taillée. Élu juge à la Cour à la fin des années 1950, c'était un homme de son temps en matière de colonialisme et de races, un « *homo americanus* typique », ouvert à l'esprit de la charte de l'Atlantique[1] mais rétif à tout changement réel dans l'ordre colonial. Il défendait avec ardeur l'administration par l'Australie de la Papouasie et de la Nouvelle-Guinée, et s'opposait à la décolonisation de la Nouvelle-Guinée néerlandaise, estimant que les colonisateurs étaient plus à même de servir les intérêts des indigènes que l'Indonésie[2].

Il aimait la vie et les voyages, le retour au pays après son séjour annuel à La Haye, ponctué de pauses bienvenues, parfois sur la colonie britannique de Maurice, un endroit qu'il affectionnait particulièrement[3]. Un de ces voyages se déroula dans une ancienne plantation de Caroline du Sud : les invités étaient assistés dans leur quotidien par des chevaux, des chiens et des « serviteurs nègres », raconte son épouse dans ses mémoires, et aussi par « d'autres Nègres dont je n'ai jamais bien compris la fonction »[4].

En ce jour de jugement, durant l'été 1966, au palais de la Paix de La Haye, sir Percy lut deux décisions qui allaient faire scandale d'un bout à l'autre du globe. Les paroles qu'il prononça ce jour-là porteraient un préjudice irréparable à sa réputation et à celle de la Cour. Afin de comprendre le gouffre qui sépare la vision du monde de sir Percy de l'image que l'opinion générale aurait des deux décisions prononcées par ses soins, il est nécessaire de remonter six ans en arrière, à New York.

La résolution 1514

Liseby Bertrand avait sept ans à l'automne 1960, une petite fille dans un monde en évolution. « Le vent du changement souffle sur ce continent », avait déclaré le Premier Ministre Harold Macmillan à Cape Town, en Afrique du Sud, constatant que de plus en plus de pays obtenaient leur indépendance. « Il est de notre devoir d'accepter ces faits, et notre politique nationale doit les prendre en compte[5]. »

Seize pays africains rejoignirent les Nations Unies cette année-là. Maurice ne faisait pas partie du lot. Lors de l'assemblée générale, des comités chargés de la décolonisation examinèrent les interminables rapports rédigés par les pouvoirs coloniaux pour décrire les différentes mesures qu'ils prétendaient prendre en faveur des populations des territoires non autonomes, comme on appelait alors les colonies[6]. Le rapport remis par les Britanniques contenait des informations sur les Chagos et ses *« oil islands »* (îles productrices d'huile), ainsi qu'ils les nommaient, dont Peros Banhos – la Grande-Bretagne était bien loin d'envisager la fin de sa domination sur Maurice[7].

La décolonisation n'était pas du goût de tout le monde durant cette période où les démêlés coloniaux ne cessaient de revenir à l'ordre du jour des affaires internationales. Un délégué britannique à l'ONU se plaignit du fait que les débats étaient trop souvent centrés sur l'émotion plutôt que sur la raison. Cela reflétait, remarqua-t-il dans un communiqué envoyé à Londres, une forme de « racisme à l'envers », un « ressentiment injustifié des gens de couleur contre la domination séculaire du monde par les nations européennes »[8].

Publiquement, les États-Unis prétendaient œuvrer pour la réduction progressive de l'ancien pouvoir colonial ; cependant, en coulisse, il en allait tout autrement. Alors que la guerre froide était à son comble, les Soviétiques semblaient représenter une menace croissante, ce qui conduisit Washington à établir un lien entre les « questions coloniales » débattues à l'ONU et des questions de sécurité nationale. Vers la fin des années 1950, les États-Unis commencèrent à planifier l'installation de nouvelles bases militaires à travers le monde, dont certaines pourraient être situées sur d'obscurs atolls, dans le cadre d'un « affrontement mondial entre le monde libre et le monde communiste[9] ». Il fallait donc à tout prix que ces bases demeurent entre les mains d'alliés, qui n'étaient autres que les puissances coloniales en Afrique[10].

À l'automne 1960, le principe de l'autodétermination fut débattu à l'Assemblée générale. Dans le sillage des termes établis par la Charte des Nations Unies préparée par Ralph Bunche, une accélération s'était produite à l'occasion de la conférence des nations afro-asiatiques qui s'était tenue à Bandung, en Indonésie, cinq ans plus tôt : vingt-neuf pays, réunis sous la bannière du Mouvement des non-alignés, déclarèrent que le colonialisme était un « mal » auquel il fallait mettre fin « rapidement »[11]. Ils demandèrent que le principe de l'autodétermination soit appliqué à tous les peuples et à toutes les nations.

Les déclarations de Bandung conduisirent directement à la tenue de l'Assemblée générale à New York. Durant l'été 1960, plusieurs projets de résolution circulèrent sous l'égide de Frederick Boland, un diplomate irlandais qui avait été nommé cette année-là à la présidence de l'Assemblée. Né dans une colonie britannique – l'Irlande obtint son indépendance en mai 1921 lorsque l'île fut divisée en deux, l'Irlande du Nord demeurant sous tutelle britannique –, Boland était un farouche soutien de la décolonisation. Sa fille, Eavan, qui vivait avec lui à l'époque, devint plus tard un écrivain de renom. « Qu'est-ce qu'une colonie ? », demanderait-elle dans l'un de ses poèmes.

Les dirigeants du monde entier se retrouvèrent à New York pour discuter la décolonisation. Nikita Khrouchtchev, qui était alors à la tête du gouvernement soviétique, soumit un projet d'envergure. Le Président Eisenhower reconnut le mouvement en faveur de la décolonisation, sans toutefois apporter de soutien clair à cette idée[12]. Le Premier Ministre britannique, Harold Macmillan, se montra prudent : prêt à reconnaître un objectif d'« indépendance politique » pour l'Afrique, il ne fournit toutefois aucun détail précis, pas plus qu'une promesse d'engagement dans cette direction[13]. C'était une ère riche en soulèvements et en mouvements de libération nationaux, en Asie, en Afrique, mais aussi en Europe. L'Iran, Chypre, l'Algérie et le Kenya faisaient partie des territoires où la révolte grondait.

Les délégués d'Afrique et d'Asie s'exprimèrent vigoureusement en faveur de la décolonisation, soutenus par une poignée d'Européens, menés par des délégués venus de Chypre et d'Irlande. « Mon pays n'a pas encore recouvré son "unité historique" », déplora le délégué irlandais, exprimant son soutien sans faille aux territoires colonisés et précisant qu'aucune colonie ne devait être démembrée dans la période qui précédait son indépendance. Il exprima l'espoir que l'Irlande retrouverait bientôt son intégrité (six décennies plus tard, son souhait demeure lettre morte, même si l'espoir pourrait enfin se concrétiser dans les années à venir)[14].

Les projets de résolution des États-Unis, du Honduras et de l'Union soviétique passèrent à la trappe, laissant la place à un texte unique, celui que proposaient quarante-trois pays africains et asiatiques, prônant une « déclaration sur l'octroi de l'indépendance aux pays et aux peuples coloniaux ». Le vote se tint dans l'après-midi du 14 décembre 1960 : quatre-vingt-neuf pays votèrent en faveur de la résolution 1514, aucun ne vota contre. Neuf pays s'abstinrent (pour la plupart, des puissances coloniales, comme la Grande-Bretagne et la France, mais aussi quelques anciennes colonies, dont l'Australie et la République dominicaine). Le département d'État des États-Unis espérait apporter son soutien au projet, mais une intervention de dernière minute du Président Eisenhower ordonna l'abstention, à la demande, dit-on, d'Harold Macmillan[15].

La résolution 1514 était brève, rédigée en quelques paragraphes. « Tous les peuples ont droit à l'autodétermination », déclarait-elle, avec, pour conséquence, le fait que l'exploitation et la domination d'un pays par un autre seraient considérées comme un déni des droits fondamentaux de l'homme. La résolution proclamait le « principe d'intégrité territoriale » et l'interdiction de « toute tentative visant à détruire partiellement ou totalement l'unité nationale et l'intégrité territoriale d'un pays colonisé ».

Un délégué contrit expliqua ainsi l'abstention de la Grande-Bretagne[16] : son pays pouvait accepter l'autodétermination en tant que principe, mais pas en tant que « droit ». Au sujet de l'intégrité territoriale, les Britanniques ne pipèrent mot. M. Boland, représentant de l'Irlande, ne put cependant s'empêcher d'exprimer sa satisfaction quant à la résolution 1514 et clôtura la séance sur une note optimiste : « L'Assemblée peut se féliciter d'avoir accompli un travail remarquable. »

Le Sud-Ouest africain

Alors que la résolution 1514 était en négociation, le Libéria et l'Éthiopie engagèrent des démarches légales auprès du tribunal de La Haye pour exiger la révocation du mandat de l'Union sud-africaine sur le Sud-Ouest africain. Colonisé par l'Allemagne au XIXe siècle, ce territoire avait été le théâtre du massacre de l'ethnie Herero, un acte récemment reconnu par l'Allemagne comme un génocide[17]. Au cours de la Première Guerre mondiale, il avait été occupé par l'Union sud-africaine, et la Société des Nations avait alors confié un mandat à la Grande-Bretagne, laquelle en avait délégué l'exercice à l'Union sud-africaine, l'Afrique du Sud-Ouest devenant ainsi une sous-colonie.

Après que l'Union sud-africaine eut obtenu son indépendance en 1931, elle poursuivit sa politique d'occupation. Avec la création des Nations Unies et les nouvelles règles portant sur les tutelles et la décolonisation, les activités sud-africaines dans le Sud-Ouest africain devinrent l'objet d'une surveillance accrue. L'Afrique du Sud souhaitait poursuivre sa gestion selon les règles qui avaient été édictées durant le mandat de la SDN, un moyen d'éviter d'appliquer les nouveaux impératifs induits par les déclarations des Nations Unies concernant les droits de l'homme et la décolonisation. L'adhésion de l'Afrique du Sud à la politique de l'*apartheid*, fondée sur la ségrégation raciale, conduisit l'Assemblée générale à passer à l'acte, exigeant l'avis consultatif de la Cour internationale de justice sur les obligations de l'Afrique du Sud envers le Sud-Ouest africain[18].

En 1950, la Cour rendit son avis, stipulant que, bien que le mandat accordé à l'Afrique du Sud n'ait pas pris fin, il lui était demandé de soumettre aux Nations Unies ses décisions quant à l'administration du territoire. En bref, la Cour décida que, bien que l'Afrique du Sud ne fût pas tenue d'appliquer les nouvelles règlementations des Nations Unies ni de suivre la voie menant inévitablement à l'indépendance, elle n'était pas en mesure de modifier le statut international du territoire[19].

Cinq ans plus tard, la Cour fournit un nouvel avis consultatif à l'Assemblée générale des Nations Unies[20]. Celui-ci confirma la légalité des diverses décisions adoptées par l'Assemblée autour de la gouvernance du Sud-Ouest africain. Un an plus tard, en 1956, un troisième avis consultatif indiqua que les populations vivant dans le Sud-Ouest africain avaient le droit de s'adresser à l'ONU pour se plaindre de la manière dont elles étaient traitées sous le régime de l'*apartheid*[21].

En assujettissant l'exercice du pouvoir sud-africain à ces contraintes, les trois avis consultatifs contribuèrent à asseoir la position de la CIJ aux yeux de nombreux pays africains. Certains d'entre eux commencèrent à voir le palais de la Paix comme un « lieu de progrès potentiel[22] ». Des lecteurs attentifs du troisième avis délivré par la Cour ne manqueront pas de remarquer la mise en garde explicite du juge Lauterpacht, indiquant que le mépris persistant qu'affichait l'Afrique du Sud à l'égard des décisions de l'Assemblée générale pouvait s'avérer illégal au regard du droit international[23]. L'Assemblée générale reçut le signal envoyé par Lauterpacht et demanda à plusieurs pays de réfléchir à une façon d'intenter une action en justice contre l'Afrique du Sud pour les mauvais traitements infligés aux habitants du Sud-Ouest africain[24]. Le moment était propice : l'Afrique du Sud résistait au « vent du changement », en déclarant hors la loi le Congrès national africain (fondé en 1912 pour défendre les droits et les libertés des Africains) et en poursuivant Nelson Mandela en justice pour trahison. À Sharpeville, lors d'une manifestation pacifique, la police sud-africaine ouvrit le feu, et soixante personnes furent tuées.

Le Libéria décida d'intenter un procès à l'Afrique du Sud. Il recourut pour cela aux services d'Ernest Gross, un ancien avocat du département d'État des États-Unis qui avait travaillé étroitement avec Ralph Bunche aux Nations Unies[25] ; l'Éthiopie lui emboîta le pas et intenta une deuxième action en justice[26]. En novembre 1960, peu de temps avant que la résolution 1514 soit adoptée, le Libéria et l'Éthiopie introduisirent une requête contre l'Afrique du Sud à La Haye[27]. Ces deux pays avaient fait partie de la Société des Nations, ils désiraient mettre un terme à l'*apartheid* et aux mauvais traitements infligés aux habitants du Sud-Ouest africain, et mettre en cause le refus de l'Afrique du Sud à accorder l'indépendance[28].

La Cour décida de joindre les deux affaires qui, selon l'Afrique du Sud, devraient être rejetées au motif qu'aucun de ces deux pays n'était concerné par le traitement infligé aux habitants de la colonie[29]. Par une courte majorité, au terme des décisions rendues en 1962, la Cour rejeta la contestation juridictionnelle de l'Afrique du

Sud[30] : huit des quinze juges établirent que l'Éthiopie et le Libéria avaient « un droit légal et un intérêt » à protéger les droits des habitants. Sept juges exprimèrent leur désaccord, menés par l'Australien sir Percy Spender et son collègue britannique, sir Gerald Fitzmaurice, un ancien juriste au ministère des Affaires étrangères. Ensemble, ils rédigèrent une opinion dissidente, remarquable par sa longueur et son formalisme[31]. Ils arguaient que la Cour avait agi en vertu de critères politiques en prenant en compte « le bien-être et le progrès social » chez les habitants des colonies. Ce genre d'instinct humanitaire ne relevait pas du droit et n'avait aucune raison d'être traité par une cour internationale[32].

Le temps qu'il fallut pour statuer sur le fond de l'affaire permit à sir Percy de se faire élire président de la Cour, avec l'appui actif du juge Fitzmaurice[33]. Spender fut, à certains égards, un modernisateur : il institua la traduction simultanée de l'anglais et du français, les deux langues officielles de la Cour, et rendit public l'accès aux audiences ; mais cela ne l'empêcha pas de maintenir une poigne de fer sur les sujets afférents au droit et aux procédures pénales. Tandis que les affaires se déroulaient en deux phases, celle des mémoires écrits et celles des auditions orales des différentes parties qui s'étalèrent sur plus de vingt semaines, une question surgit concernant la composition du collège. Dix-sept juges auraient dû siéger sur ces affaires, les quinze juges permanents et deux juges *ad hoc*, l'un désigné par l'Afrique du Sud, l'autre par le Libéria et l'Éthiopie. Pour finir, trois des dix-sept juges ne participèrent pas au jugement définitif : l'un mourut, un autre tomba malade et le troisième se trouva empêché de participer aux débats à la suite d'une action apparemment coordonnée par Spender et Fitzmaurice[34].

Le retrait du troisième juge, sir Muhammad Zafarullah Khan, se révèlerait lourd de conséquences. Khan, originaire du Pakistan, avait représenté la Ligue musulmane dans le cadre de la décolonisation et la partition des Indes et deviendrait plus tard le premier ministre des Affaires étrangères de son pays. Sa première tentative pour se faire élire à la Cour s'était soldée par un échec, en dépit du soutien britannique (« Il domine de la tête et des épaules tous les autres candidats, nota un fonctionnaire britannique, surtout ceux issus du bloc mahométan et moyen-oriental[35] »). Khan parvint à ses fins lors de sa seconde candidature, en 1954, malgré le fait qu'entretemps les Britanniques s'étaient sévèrement braqués contre lui (contrariés par ce qu'ils considéraient comme une posture « anticoloniale fanatique[36] »).

En tant que juge à la Cour, sir Zafarullah contribua aux avis consultatifs de 1955 et 1956 concernant le Sud-Ouest africain. Au terme de son mandat, en 1961, il retourna aux Nations Unies en tant qu'ambassadeur du Pakistan et fut nommé président de l'Assemblée générale. En 1960, il déclina l'invitation de l'Éthiopie et du Libéria qui souhaitaient le désigner comme juge *ad hoc* dans les deux affaires du Sud-Ouest africain[37]. Quatre ans plus tard, il fut élu pour la deuxième fois à siéger en tant que juge à la Cour internationale.

L'élection de sir Zafarullah Khan ne fut pas accueillie comme une bonne nouvelle par Spender, qui signifia clairement au Pakistanais qu'il le considérait comme partial, simplement parce que le Libéria et l'Éthiopie avaient voulu le désigner comme juge *ad hoc*[38]. Lorsque Khan expliqua à l'Australien qu'il ne voyait là aucun conflit d'intérêt, dans la mesure où il avait décliné cette proposition, Spender suggéra qu'une « majorité substantielle » des juges l'entendaient autrement[39]. « Nous apprécierions votre décision » de ne pas siéger sur ces affaires, écrivit Spender, en forçant ainsi concrètement sir Zafarullah à se récuser, avec l'aide de sir Gerald Fitzmaurice qui n'était guère partisan de Khan[40]. (Une dizaine d'années plus tôt, en tant qu'avocat au ministère des Affaires étrangères à Londres, Fitzmaurice s'était opposé à la candidature de Khan au poste de juge, en prétendant qu'il était trop indépendant, « très difficile à influencer » et qu'il avait une fâcheuse tendance à « s'en tenir à ses propres opinions en toutes circonstances »[41].) Lady Spender, de son côté, considérait Kahn comme un « vieil ami », doué d'une rare éloquence, bien qu'il se montrât trop attaché, selon elle, au Coran[42].

Face à une pression si féroce, Khan préféra se récuser. Les quatorze juges qui prononcèrent le jugement définitif se répartissaient équitablement : sept d'entre eux soutenaient la plainte déposée par le Libéria et l'Éthiopie, les sept autres y étaient opposés. Selon les règles de la Cour, cette répartition attribuait au président une voix prépondérante. Tandis que Spender rendait la décision, un diplomate, présent dans la grande salle, eut bien du mal à en croire ses oreilles car, au bout d'une quarantaine de minutes de lecture, il lui apparut que l'Afrique du Sud avait remporté l'affaire. Au moment où Spender formula la conclusion de la Cour – à savoir que l'Éthiopie et le Libéria n'avaient aucun droit de se présenter à la Cour pour exiger de l'Afrique du Sud qu'elle réponde de ses actes –, on entendit un cri de surprise dans la salle d'audience[43]. Les derniers mots de Spender résumaient la décision des juges : « Par la voix prépondérante du président, les voix étant également partagées (sept contre sept), la Cour décide de rejeter les demandes de l'Empire d'Éthiopie et de la République du Libéria. »

Chose étonnante, durant les quatre années de procédure, Spender et Fitzmaurice eurent l'occasion de réviser le jugement de 1962 – au cours duquel ils n'étaient pas parvenus à persuader la majorité de rejeter la plainte – et de prononcer un arrêté statuant que deux pays d'Afrique n'avaient pas d'intérêt juridique à questionner les actes racistes et discriminatoires que l'Afrique du Sud blanche faisait subir aux habitants noirs de sa colonie. Leur idée, selon laquelle les considérations d'ordre humanitaire n'étaient pas recevables dans le cadre des procédures judiciaires, prévalait à présent. La fonction de la Cour était de faire appliquer les règles légales et non des préceptes moraux, la majorité de Spender faisait loi, et ces règles avaient pour conséquence qu'il était impossible pour un pays d'introduire des requêtes auprès de la Cour dans le but de protéger les droits des populations d'un autre pays : le concept d'une *actio popularis* (action en justice appartenant à tous les sujets de droit pour défendre les intérêts publics) n'existait pas en droit international. (Trois ans plus tard, lors d'une autre affaire, la Cour revint sur cette décision, stipulant que le droit international se devait d'autoriser ce genre d'initiative ; ce changement de cap préparerait le terrain à la requête introduite cinquante ans après par la Gambie contre le Myanmar pour des actes génocidaires perpétrés sur la communauté des Rohingyas[44].)

Plusieurs juges dans l'affaire du Sud-Ouest africain rédigèrent des opinions dissidentes. Je me rappelle, des années plus tard, alors que j'étais encore étudiant, avoir lu celle qu'avait émise Philip Jessup, le juge américain, la première et l'unique opinion dissidente qu'il ait jamais rédigée: selon lui, la conclusion était une erreur grossière, «complètement infondée» au regard du droit et des faits, dans la mesure où l'Éthiopie et le Libéria avaient l'une comme l'autre un intérêt juridique dans cette affaire et auraient dû voir leur demande aboutir[45]. Jessup exprimait l'espoir de voir «dans l'avenir, l'intelligence triompher[46]»; ses paroles irritèrent Spender qui le réprimanda pour avoir livré des remarques sur le fond après que la Cour s'était prononcée comme n'ayant pas compétence[47].

*

* *

Les arrêtés du jugement dans l'affaire du Sud-Ouest africain plongèrent la Cour dans un abîme de discrédit dont elle n'émergerait que vingt ans plus tard. Dans une ère vouée à la décolonisation, les juges donnaient l'impression de consolider la puissance coloniale, laissant libre cours à l'*apartheid* et à la discrimination qui régnaient. Le gouvernement de l'Afrique du Sud se réjouit tandis que d'autres déploraient que la Cour eût rendu justice «selon le droit instauré par "l'homme blanc"». Certains virent cette décision comme l'équivalent en droit international du célèbre jugement rendu par la Cour suprême des États-Unis contre l'esclave afro-américain Dred Scott un siècle auparavant, au motif que le mot «peuple» dans la Constitution des États-Unis n'incluait pas les Africains ni les populations maintenues en esclavage[48].

Sir Zafarullah Khan prit la décision, fort inhabituelle pour un juge, de s'exprimer par voie de presse sur l'affaire. «Il n'y avait aucune raison pour que je me récuse», confia-t-il à *The Observer* à Londres[49]. Ses paroles ajoutèrent au sentiment de scandale et confirmèrent le fait que, s'il avait siégé lors de l'audience, la conclusion aurait été diamétralement opposée. Nombreux furent ceux – dont certains des avocats de l'Éthiopie et du Libéria – qui considérèrent que la Cour s'était changée en instrument du colonialisme et, ce faisant, constituait une institution non pertinente et anachronique[50].

Des membres de l'ONU incitèrent l'Assemblée générale à affirmer que la résolution 1514 accordait aux populations du Sud-Ouest africain un « droit inaliénable à l'autodétermination, à la liberté et à l'indépendance ». Par une décision à effet immédiat, l'Assemblée générale mit fin au mandat conféré à la Grande-Bretagne et exercé par l'Afrique du Sud, statuant que le Sud-Ouest africain serait dorénavant gouverné directement par l'ONU. Cent quatorze pays votèrent en faveur de cette résolution, deux votèrent contre et trois s'abstinrent, dont la Grande-Bretagne[51]. L'Assemblée rebaptisa le territoire, connu depuis ce jour sous le nom de Namibie, et désigna un commissaire et un conseil pour l'administrer jusqu'à ce qu'il devienne indépendant[52]. Quelques semaines après le jugement, l'Assemblée générale adopta le Pacte international relatif aux droits civils et politiques, un outil d'envergure et légalement contraignant, visant à protéger les droits de l'homme et susceptible d'être appliqué à grande échelle. L'article 1 stipulait « le droit des peuples à disposer d'eux-mêmes » et obligeait toutes les parties à faire en sorte que ce droit fût suivi d'effets[53].

Le mécontentement de l'Assemblée générale se refléta dans les élections à la Cour. Spender prit sa retraite et fut remplacé par un juge nigérian, cédant ainsi un siège traditionnellement confisqué par un Blanc du Commonwealth à un homme issu d'Afrique noire[54]. Dans ses mémoires, lady Spender passe sous silence l'épisode douloureux du Sud-Ouest africain. Elle mentionne toutefois un individu dont les actes et la notoriété permettraient paradoxalement à la Cour, quelques années plus tard, de réparer le mal qu'elle s'était fait à elle-même : racontant la visite des Spender au Nicaragua, elle évoque la chaleur avec laquelle ils furent reçus par le dirigeant despotique du pays, le président Anastasio Somoza. Le temps venu, la chute du gouvernement de Somoza en 1979 ouvrirait la voie à une autre affaire portée devant la Cour. Mais ce serait des années plus tard. Pour l'instant, on était encore en 1968, une année déterminante pour Maurice.

Séparation

Le 12 mars 1968, la plus grande partie de Maurice cessa d'être une colonie britannique et devint indépendante. L'Union Jack fut descendu lors de la cérémonie qui se tint à l'hippodrome du Champ de

Mars à Port Louis, et on hissa un nouveau drapeau, orné de quatre couleurs vives : le rouge pour la liberté, le bleu pour l'océan Indien, le jaune symbolisant la lumière de l'indépendance, et le vert pour représenter les merveilles verdoyantes du pays. Selon une nouvelle constitution, Élisabeth II était reine de Maurice, et sir Seewoosagur Ramgoolam devenait le Premier ministre du pays.

L'accession de ce pays à l'indépendance engagée depuis 1945 fut rendue difficile par la résistance que la Grande-Bretagne opposait aux injonctions de la Charte des Nations Unies. La constitution de la colonie fut modestement réformée, créant un nouveau corps législatif ainsi qu'un corps exécutif, dont les membres étaient élus *via* le vote populaire de ceux qui savaient lire et écrire des phrases simples en anglais, français ou créole, les trois langues officielles du pays. À l'issue de plusieurs conférences et de révisions constitutionnelles, les habitants se virent accorder un peu plus de pouvoir, mais la véritable autorité demeurait aux mains du gouverneur et de Londres. En 1959, le Conseil législatif et le Dr Ramgoolam exigèrent l'autonomie suivie de l'indépendance.

En 1964, la Grande-Bretagne refusait toujours de proposer une date pour l'indépendance. Il y avait une raison à cela – une raison secrète. Les dirigeants mauriciens ignoraient, au moment de leurs engagements avec les Britanniques, que Londres complotait en privé avec Washington qui avait un œil sur les îles les plus éloignées de l'archipel. Des conversations secrètes commencèrent à se tenir au printemps 1963, au sujet de l'usage que les Américains pourraient faire de « certaines petites îles possédées par les Britanniques dans l'océan Indien » pour y établir une nouvelle base militaire[55]. S'inspirant d'un « concept stratégique lié aux îles » mis au point par Stuart Barber, un planificateur naval employé par le ministère de la Défense américain, et perfectionné par Paul Nitze, l'idée que Diego Garcia pourrait devenir un site idéal germa[56]. Les Britanniques examinèrent avec soin le potentiel de l'île à devenir une « station de communication militaire ». En 1964, les Américains demandèrent aux Britanniques s'ils pouvaient envisager de vider l'île de Diego Garcia de ses habitants. Ces échanges, tenus dans le plus grand secret, visaient à mettre en place la « sécurité d'occupation » et un bail à long terme.

Conscients des risques légaux et politiques, les Britanniques proposèrent de faire le nécessaire « aux frais du gouvernement de Sa Majesté ». « Nous avons le pouvoir de le faire, concluait une note de service confidentielle, mais nous devons éviter d'être accusés de "trafic en territoire colonial" ou de manque de respect à l'égard des intérêts des habitants[57]. » La crainte d'une réaction de la part de l'ONU était palpable. Il resterait une « population locale, si réduite fût-elle », lisait-on dans une autre note, si bien que la Grande-Bretagne pourrait être accusée de créer une nouvelle colonie.

Toujours aussi inventifs, les fonctionnaires et les avocats londoniens trouvèrent le moyen de contourner les règles édictées par l'ONU et la résolution 1514. Les critiques à l'encontre de la Grande-Bretagne perdraient de leur force si – un grand « si » – on trouvait un moyen de s'assurer du consentement des autorités mauriciennes ou « du moins de leur permission ». Une autre possibilité consistait à « confronter les Mauriciens à un *fait accompli* », ou encore à « ne leur dire qu'au dernier moment ce que nous faisons »[58]. Divers esprits juridiques à Londres reçurent l'ordre de concocter un montage permettant d'échapper à l'illégalité.

Les Britanniques et les Américains en collaboration mirent au point une tactique fondée sur le consentement : ils développeraient une installation et des équipements conjointement sans dévoiler l'idée aux Mauriciens, tandis que le gouverneur, sir John Rennie, entamerait une série de consultations avec le Dr Ramgoolam, le Premier ministre mauricien, dans l'espoir d'obtenir son consentement. Mais le Dr Ramgoolam résista, inquiet d'une éventuelle « séparation » des Chagos, et insista sur le fait que le territoire devait conserver son intégrité, comme l'exigeaient les principes d'autodétermination et d'intégrité territoriale édictés par la résolution 1514. Ramgoolam proposa donc un « bail à long terme ». Sans évoquer l'implication des États-Unis dans cette affaire, le gouverneur Rennie se contenta d'informer les Mauriciens du fait que certaines îles de l'archipel des Chagos seraient expertisées. L'inspection fut menée sous la direction de M. Robert Newton, le secrétaire colonial de Maurice, un amoureux des oiseaux et ornithologue amateur. « J'ai estimé, en accord avec les dirigeants des îles, qu'à l'ère scientifique se développait un besoin accru en expertises scientifiques », expliqua Newton tout en fournissant de « vagues allusions aux avancées dans le domaine des radios et télécommunications ». Sur l'hypothèse d'une future base militaire américaine, il ne dit rien.

Newton proposa que l'on détache les Chagos de Maurice, préservant ainsi la totalité des cinquante-cinq îles ou plus « du cours imprévisible et des tournants politiques qui ont tendance à suivre l'indépendance d'un territoire ». Il recommanda que l'archipel devienne une « dépendance directe de la Couronne britannique », une nouvelle colonie. Ignorant de manière éhontée la résolution 1514, Newton reconnut toutefois que cette séparation « pourrait donner lieu à de considérables difficultés politiques ». Il « serait impossible, diplomatiquement parlant, de priver Maurice de ses dépendances, nota-t-il, sans contrepartie ». Les Britanniques avaient reconnu les Chagos comme faisant partie du territoire de Maurice[59].

En janvier 1965, les Américains confirmèrent qu'ils souhaitaient voir l'archipel dans son ensemble séparé de Maurice, et pas seulement Diego Garcia. « Une séparation totale aurait davantage de chances de s'assurer que l'attention de Maurice, du point de vue des intérêts politiques, soit détournée de Diego Garcia dans le temps long et nous évite, entre autres choses, toute pression liée à un désir de récupérer ce territoire. » Trois mois plus tard, Londres céda aux Américains. Ayant refusé quelque temps plus tôt de s'engager dans la guerre du Vietnam, le Royaume-Uni avait à cœur de se montrer arrangeant. Le Premier Ministre, Harold Wilson, accepta de faire avancer le projet Chagos « aussi rapidement que possible[60] ». Une autre note secrète confirmait que les îles de l'archipel des Chagos faisaient « légalement partie de la colonie », ce qui rendait le consentement des autorités mauriciennes nécessaire. Une « généreuse compensation » était mentionnée, la somme de 10 millions de livres fut évoquée[61].

En mai, les États-Unis acceptèrent d'offrir un soutien financier, mais à condition de maintenir « le plus grand secret », dans la mesure où le Congrès ne manquerait pas de soulever des questions. Le gouverneur Rennie se vit ordonner de communiquer l'idée de la séparation des Chagos aux autorités mauriciennes, afin que l'archipel puisse être considéré comme un territoire nouveau et distinct. Cela serait établi par décret plutôt que par une loi du Parlement, afin de maintenir le secret et d'éviter l'examen. Le rôle des États-Unis n'apparaîtrait nulle part.

Le Premier ministre Ramgoolam et ses collègues n'étaient pas d'accord. Ils s'opposèrent à la séparation et demandèrent un délai pour examiner les propositions. En septembre, ils furent invités à Londres pour discuter l'indépendance, que la Grande-Bretagne n'était toujours pas prête à accorder. Lors de la conférence de Lancaster House, les arguments de la négociation se durcirent : les Britanniques envisageaient la séparation sans consentement, les Mauriciens, de leur côté, étaient prêts à établir un bail mais excluaient la séparation. La délégation mauricienne comptait dans ses rangs Anerood Jugnauth, un jeune avocat.

Le 23 septembre, Wilson accorda une entrevue à Ramgoolam aux 10 Downing Street, armé d'une note de synthèse qui énonçait l'objectif visé en termes rudes : « Le but est de les effrayer à coups d'espoir : l'espoir qu'ils pourraient obtenir l'indépendance, leur faire craindre qu'ils ne l'obtiennent pas, à moins de se montrer favorables à la séparation de l'archipel des Chagos. » La note suggérait aussi que « le Premier Ministre pourrait faire indirectement référence au fait que le gouvernement de Sa Majesté avait le pouvoir légal de séparer les Chagos par décret, sans avoir recours au consentement de Maurice, et que cela serait un événement lourd de conséquences »[62].

Wilson présenta les différentes options à son homologue : « Le Premier ministre et ses collègues pourraient rentrer à Maurice riches d'une déclaration d'indépendance ou bien sans [...]. Diego Garcia pourrait soit être séparée par décret, soit avec l'accord des autorités mauriciennes. La meilleure solution à tous points de vue serait l'indépendance et la séparation avec consentement [...]. » Une fois de plus, Ramgoolan ne fut pas convaincu et proposa de nouveau la solution du bail. « Inacceptable », répondit le Britannique[63].

Tel fut le contexte dans lequel on parvint à une « entente » concernant la « séparation » : Maurice obtiendrait son indépendance, 3 millions de livres en compensation, et davantage pour les propriétaires terriens et les Chagossiens qui seraient déplacés. Les Britanniques offrirent des concessions commerciales sur les importations de sucre et les droits de pêche autour des Chagos – « dans la limite des contraintes pratiques » – et un accès aux bénéfices tirés des minerais ou du pétrole découverts aux alentours de l'archipel. Les Britanniques signifièrent également que, si la nécessité d'une base militaire venait à disparaître, l'île serait rendue à Maurice[64].

À contrecœur et soumis à d'intenses pressions, Ramgoolam discuta la question avec ses collègues. Le lendemain, les Britanniques et les Américains furent informés que Ramgoolam et la majorité de ses ministres présents à Londres donnaient leur accord pour une séparation à ces conditions[65]. Les Britanniques établirent l'étape suivante selon trois phases : à la suite de la séparation, la vie continuerait normalement sur Peros Banhos et les autres îles dont on n'avait pas immédiatement besoin pour l'installation de la base militaire ; la population des îles requises pour des raisons de défense serait « dégagée » ; et Diego Garcia serait entièrement vidée de sa population civile.

Le 24 septembre 1965 – deux jours après la rencontre entre Wilson et Ramgoolam –, la Grande-Bretagne annonça sa décision d'accorder l'indépendance à Maurice[66]. En novembre, le gouverneur Rennie informa Londres qu'une majorité du Conseil des ministres de Maurice avait donné son accord pour la séparation. L'urgence se faisait sentir : afin d'éviter toute difficulté avec l'ONU, la séparation devait être effective « aussi rapidement que possible », parce que, dans le même temps, la Grande-Bretagne était blâmée pour le contrôle qu'elle conservait sur Aden et la Rhodésie[67].

Il était probable, comme le nota le secrétaire aux Affaires coloniales, Anthony Greenwood, que les Chagos seraient bientôt « ajoutées à la liste des mesures "impérialistes" pour lesquelles nous sommes critiqués » et que la Grande-Bretagne serait accusée de « créer une nouvelle colonie en période de décolonisation et d'établir de nouvelles bases militaires à une époque où l'on était censé abandonner les anciennes ». La rapidité autant que la confidentialité étaient vitales, car le moindre retard « mettrait en péril » le plan. L'Assemblée générale était sur le point de débattre autour du statut de Maurice, et, si les Mauriciens venaient à découvrir le marché conclu avec les États-Unis, la Grande-Bretagne subirait de fortes pressions pour annuler l'accord. En outre, ajoutait Greenwood, « nous nous exposerions à une accusation supplémentaire de malhonnêteté» dans le cas où la Grande-Bretagne esquiverait la question lors des réunions de l'ONU pour ensuite prendre sa décision. Alors quelle solution, selon lui ? «Présenter les choses à l'ONU comme un *fait accompli*[68].» Contourner le Parlement, adopter le décret en conseil privé, détacher les îles, créer une «colonie séparée», et tout de suite.

Le ministère des Affaires étrangères donna son accord. La délégation britannique à New York reçut l'ordre de «mettre au point conjointement les tactiques» avec les Américains et de commencer par un gros mensonge, à savoir déclarer à l'ONU que les îles de l'archipel des Chagos étaient «virtuellement dépourvues d'habitants permanents[69]». Lord Caradon, l'ambassadeur britannique à New York, trouvait gênant l'usage du terme «virtuellement». Si on découvrait qu'il existait aux Chagos une population, aussi réduite fût-elle, la Grande-Bretagne encourrait des charges «pour n'avoir pas appliqué les obligations prescrites par la Charte envers les habitants permanents». Il serait préférable, conseilla Caradon, de déclarer qu'il n'y avait «pas d'habitants permanents»[70]. Le mot «virtuellement» fut donc retiré.

Certains avocats londoniens, garants de l'état de droit, ne se sentaient pas très à l'aise. «C'est à la limite de l'inacceptable», avertit un des conseiller du ministère des Affaires étrangères. «Nous séparons ces îles – ce qui en soit est critiquable – puis nous déplaçons leurs habitants ou certifions ("plus ou moins frauduleusement") qu'ils habitent en réalité ailleurs, une approche peu conciliable avec les règles de l'ONU»[71], écrivit M. Darwin. Un autre avocat, cependant, était parfaitement en accord avec une déportation totale, sur la base de la fiction selon laquelle les habitants des Chagos n'y vivaient pas de façon permanente. C'était «la solution la meilleure et la plus souhaitable au problème du Territoire britannique de l'océan Indien», estimait de son côté M. Aust, du point de vue légal aussi bien que financier, sans oublier celui de la Charte de l'ONU. Car il n'y avait «rien de mal, selon le droit pas plus que selon le principe» à déporter totalement une population, dans la mesure où la Grande-Bretagne pourrait «établir les règles chemin faisant» et traiter les habitants comme «ne "vivant pas" »[72] aux Chagos, à proprement parler.

Au matin du 8 novembre, le conseil privé à Londres passa un décret visant à établir un « nouveau Territoire britannique de l'océan Indien », comprenant toutes les îles de l'archipel des Chagos. Un commissaire spécial « BIOT » reçut d'importants pouvoirs légaux, lui permettant, entre autres choses, de déplacer de force la population locale dans son entièreté. Le décret modifia la constitution mauricienne en excluant les Chagos de son territoire.

Malgré les plans minutieux, des informations fuitèrent jusqu'à New York, déclenchant une réaction immédiate et sévère. L'Assemblée générale adopta aussitôt une résolution au sujet de Maurice[73], exprimant une « profonde inquiétude » à l'égard de la séparation des Chagos, ordonnant à la Grande-Bretagne de ne pas « démembrer » le territoire ni de « violer son intégrité territoriale » et l'informant de futures difficultés. La Grande-Bretagne ignora cet avertissement. Une deuxième résolution suivit, un an plus tard, laquelle fut aussi ignorée[74]. Dix jours après, la Grande-Bretagne échangea des mémos avec les États-Unis au sujet d'un accord concernant la « disponibilité du Territoire britannique de l'océan Indien à des fins de défense ». L'accord déclarait que le territoire en question était britannique et disponible pour les besoins de la défense des deux pays, et cela pour une durée de cinquante ans, jusqu'en 2016, prolongeable de vingt ans si nécessaire, jusqu'en 2036. Nulle contrepartie financière ne serait exigée des États-Unis. Il s'agissait d'un cadeau typiquement britannique.

Au cours de l'été 1967, le Comité spécial des Vingt-Quatre (organe subsidiaire chargé de la question de la décolonisation) déplora le « démembrement de Maurice », une violation flagrante du principe de l'intégrité territoriale. Le Comité spécial exigea de la Grande-Bretagne qu'elle rende son intégrité au territoire. La Grande-Bretagne ignora une fois de plus ce rappel à l'ordre. En décembre 1967, l'Assemblée générale adopta une troisième résolution critiquant la séparation des Chagos. Elle fut, comme la précédente, ignorée[75].

Au printemps suivant, Maurice devint un pays indépendant, privé toutefois de l'intégrité de son territoire. Tandis qu'on descendait le drapeau britannique et que le drapeau mauricien était hissé, le gouverneur Rennie, coiffé d'un chapeau de cérémonie orné de nombreuses plumes blanches, tendit la main à sir Seewoosagur Ramgoolam, le

Premier ministre de Maurice indépendante. En regardant les actualités de l'époque, j'ai remarqué que sir Seewoosagur avait marqué une pause avant de serrer la main de l'exubérant gouverneur. L'ultime acte du gouverneur fut d'adopter une nouvelle constitution pour Maurice ne comprenant que « les territoires qui juste avant le 12 mars 1968 composaient la colonie mauricienne ». La nouvelle définition du territoire excluait les Chagos. Un mois plus tard, Maurice devenait le cent vingt-cinquième membre des Nations Unies. À New York, Otis Redding tenait la tête du hit-parade avec *The Dock of the Bay*.

*

* *

À Peros Banhos, Liseby, sa famille et ses amis ignoraient tout de ces nouveaux développements. Liseby ne savait pas qu'elle était à présent résidente d'une nouvelle colonie britannique, et non une habitante de Maurice indépendante. Elle n'avait jamais entendu parler d'un accord avec les États-Unis. Elle ne se doutait pas que ses jours sur Peros Banhos étaient comptés, que bientôt elle serait déportée loin de son île et de son foyer, avec tous les autres.

Certains savaient ce qui se tramait. La mission britannique à New York s'inquiétait à propos de la « thèse plausible » selon laquelle la séparation était illégale. Le déplacement de la population dans son ensemble risquait d'empirer les choses et de rendre impossible un rapprochement avec la « mission sacrée » imposée par le chapitre XI de la Charte des Nations Unies édictée dans l'article 73[76]. Les hauts fonctionnaires britanniques se trouvant confrontés à un problème très humain décidèrent de se conformer au mensonge de lord Caradon : ils déclareraient au monde que les Chagos n'avaient pas de « population permanente ».

Toujours aussi créatifs, les Britanniques affirmèrent que Liseby Bertrand et tous les Chagossiens n'étaient que des « saisonniers » et non des habitants et des familles qui, pour la plupart, vivaient sur ces îles depuis des générations et étaient connus sous le nom d'Îlois. Les liens de Liseby avec l'île, hérités d'une longue lignée d'ancêtres, dont certains avaient été réduits en esclavage, furent ignorés. Nous devons être « très fermes », décida le ministère des Affaires étrangères.

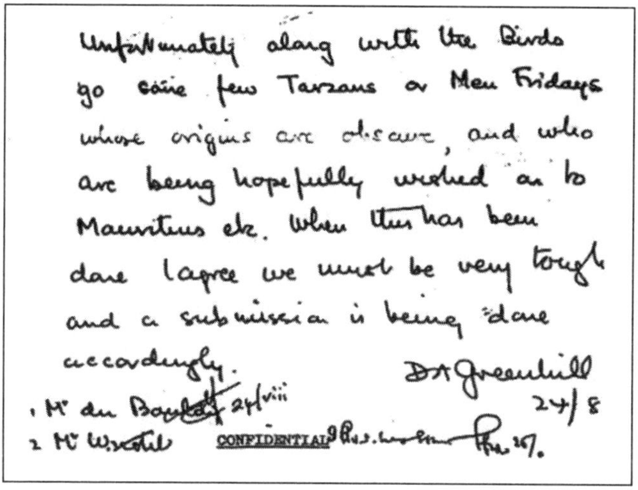
Unfortunately along with the Birds go some few Tarzans or Men Fridays whose origins are obscure, and who are being hopefully wished on to Mauritius etc. When this has been done I agree we must be very tough and a submission is being done accordingly.

D A Greenhill 24/8

1 Mr du Boulay 24/viii

2 Mr Wyatt CONFIDENTIAL

« Le but de l'exercice est de mettre la main sur des cailloux qui resteront à nous », nota un fonctionnaire, afin que les Chagos deviennent un endroit où « la seule population indigène sera composée de mouettes ». La fiction débrida l'imaginaire colonial britannique. « En plus des oiseaux on y trouve quelques Tarzans et autres Vendredis, dont les origines demeurent obscures », écrivit monsieur (et futur lord) Greenhill. Mais bientôt, ils seraient partis, arrachés de leurs îles vers Maurice et d'autres régions lointaines[77].

Le déplacement forcé de plusieurs centaines d'êtres humains fut mené en trois phases qui débutèrent en 1967. Les premiers à être déplacés furent ceux qui étaient temporairement absents des Chagos à l'époque, en voyage à Maurice ou ailleurs. Désolé, leur dit-on, mais il n'y a pas de bateau disponible pour vous ramener aux Chagos. Les suivants, d'après une décision prise par Harold Wilson et le secrétaire d'État aux Affaires étrangères, Michael Stewart, en avril 1969[78], furent les habitants de Diego Garcia. L'île est désormais « fermée », indiqua-t-on aux autochtones. Certains furent transportés à Peros Banhos ou vers d'autres îles ; d'autres furent emmenés à Maurice ou aux Seychelles. Des années plus tard, certains parmi les déportés débarquèrent à Gatwick et entamèrent une nouvelle vie à Crawley, non loin de l'aéroport de Londres[79]. Le dernier groupe à être déplacé incluait ceux qui vivaient sur toutes les autres îles de l'archipel, dont Peros Banhos. Une diaspora fut ainsi créée, dont la responsabilité incombait aux seuls Britanniques, car l'accord passé avec les États-Unis ne nécessitait que « l'expulsion des habitants de Diego Garcia », comme on en informa plus tard le haut-commissaire britannique à Port Louis. « Ils n'avaient aucune objection à ce que les autres îles de l'archipel des Chagos demeurent habitées : c'est de notre propre chef que nous avons décidé de vider l'ensemble et de réinstaller les populations à Maurice[80]. »

À l'été 1973, la population entière des Chagos avait été déplacée de force, elle comptait environ mille cinq cents individus[81]. Ils abandonnèrent leur foyer et leurs biens, leurs meubles et leur bétail, et beaucoup de chiens aussi. Les animaux domestiques créèrent un nouveau problème auquel furent appliquées deux solutions : les balles et la strychnine. Lorsque ces deux solutions échouaient, on capturait les chiens, on les enfermait dans un bâtiment dévolu au séchage du copra, on les gazait, puis on les incinérait[82].

Rien de tout cela ne filtra dans la presse britannique. À cette époque j'étais un collégien, suivant des cours d'histoire mais parfaitement ignorant de toutes ces choses. L'enseignement que je recevais offrait une vision très différente du colonialisme britannique, comme me le rappelle mon manuel de l'année 1973, que j'ai encore et où l'on peut lire un chapitre teinté de nostalgie intitulé « Coucher de soleil sur les empires ». Concernant l'Inde on nous apprenait que lord Mountbatten, le dernier vice-roi de l'Inde britannique, était un « homme remarquable », qui l'emportait haut la main sur le Mahatma Gandhi, ce dirigeant « rabougri, osseux, presque simiesque aux binocles bon marché, ce végétarien, ce pacifiste »[83]. On m'enseigna que la fin d'un empire comportait des points communs avec la situation « parent/enfant », dans laquelle le parent éprouve des difficultés à admettre que l'enfant a bien grandi, tandis que, de son côté, l'enfant rebelle insiste pour le faire remarquer. « L'enfant finit en général par obtenir ce qu'il désire, et tire des leçons, parfois douloureuses, de ses propres erreurs[84]. »

Liseby, 1973

Liseby Bertrand ne conserve aucun souvenir de l'indépendance de Maurice, parce que la nouvelle n'a jamais atteint Peros Banhos ni aucune île des Chagos. Elle avait alors quinze ans et travaillait comme nounou. « Je m'occupais des deux enfants de monsieur Jean Guillemet, le nouvel administrateur des Chagos, se souvient-elle. Sa fille Gilberte était née, comme moi, à Peros Banhos. Maintenant elle vit à Port Louis. On est encore en contact. »

Ce n'est qu'après l'indépendance et le démembrement, alors qu'elle vivait sur la nouvelle colonie récemment créée et baptisée « BIOT », qu'elle rencontra son premier Anglais. « Peut-être que c'était en 1970 ou 1971, après que les Britanniques avaient racheté l'Agalega Company. Un homme qu'on appelait "l'administrateur" est venu en visite à Peros Banhos, je crois qu'il s'appelait M. Todd. C'était la première fois que je voyais un Blanc à Peros Banhos. En fait, c'était la première fois que je voyais un Blanc, tout court. » (Son souvenir était exact : John Rawling Todd, qui avait intégré le service colonial en 1955 et exercé la fonction d'administrateur du Territoire britannique de l'océan Indien de 1965 à 1974, gouvernait depuis les Seychelles et ne se rendait que rarement sur place[85].)

Au moment de la visite de M. Todd à Peros Banhos, des rumeurs commencèrent à circuler. « On entendait dire qu'il faudrait qu'on parte des îles, nous tous qui habitions là. Moi, je n'y croyais pas vraiment. C'est à ce moment que j'ai compris qu'il y avait une différence entre les Blancs et les Noirs. Nous, on allait partir parce qu'on était noirs. Ça, on le comprenait. »

En 1972, à Peros Banhos, Liseby épousa son amour d'enfance, France Élysé, qui était aussi originaire de l'île. « Nous nous sommes mariés le 11 décembre, un jour que je me rappelle bien. La cérémonie avait été célébrée par l'administrateur. Je me souviens de la robe que je portais et de la fête dans la *Salle Verte*. On a dansé, dansé. Et je suis devenue madame Élysé. »

Avait-elle une photo de ce jour particulier ? « Non, je n'ai pas de photos de mon mariage. Vous savez quoi ? Je n'ai aucune photo de mon enfance. Pas une seule. La première photo de moi a été prise quand j'avais une vingtaine d'années, après qu'on avait quitté Peros Banhos. »

Son mari travaillait comme forgeron à la forge de l'Agalega Company. « Après le mariage, j'ai quitté la maison de mon père et j'ai emménagé avec mon mari, dans la maison qu'il partageait avec sa mère, ma belle-mère. La sœur de mon mari est la mère d'Olivier Bancoult, qui défend les Chagossiens. Je suis sa tante. »

Un an plus tard, elle était enceinte de son premier enfant. Avant la naissance, cependant, les rumeurs devinrent réalité : les habitants de Peros Banhos furent informés que leur île allait être « fermée » et qu'ils devraient la quitter. Liseby embarqua sur le dernier bateau à quitter les îles des Chagos, avec un groupe d'environ quatre cents personnes, toutes déplacées de force.

« Le 27 avril 1973, c'est le jour où on est tous partis. Moi. Mon mari. Mon père. Mes frères et sœurs. J'étais enceinte. »

Ils n'eurent pas l'autorisation d'emporter grand-chose avec eux. « On nous a dit de tout laisser. On n'a pas eu le droit d'emmener nos chiens. On n'avait droit qu'à une malle par personne, qu'on a remplie avec tout ce qui comptait le plus pour nous. On n'avait pas de valises, c'étaient des *malles* en bois. On avait droit à 25 ou 30 kilos par malle. J'ai toujours la mienne. »

Ils furent réunis sur la jetée, celle que je connaissais pour l'avoir vue sur une vieille photo en noir et blanc (utilisée en couverture). Un par un, ils embarquèrent sur le *Nordvaer*, construit en 1958, à Elmshorn, en Allemagne. Pendant des années il avait caboté le long des côtes de la Norvège, entre Trondheim et les îles Lofoten, avec un petit nombre de passagers à son bord, pour la plupart des touristes anglais raffinés. Il fut acheté par le gouvernement du Territoire britannique de l'océan Indien[86] et, un jour, bien des années plus tard, il fut mis en cale sèche aux Seychelles, sur l'île de Desnoeufs pour servir de brise-lames.

Les passagers anglais du bateau furent remplacés par des Chagossiens. « Les conditions n'étaient pas bonnes, se rappelle Liseby. La traversée sur l'océan dura quatre jours. On est arrivés à Maurice le 2 mai 1973. On était tristes. J'avais l'impression qu'ils nous traitaient comme des animaux ou des esclaves. » À l'arrivée, les passagers refusèrent, dans un premier temps, de débarquer, car ils n'avaient nulle part où aller, aucun argent, aucune possibilité de se loger. « Pas un membre du gouvernement de Maurice n'était là pour les accueillir, personne non plus du côté de l'Église catholique, me confia un Chagossien vivant à Crawley, et le capitaine du bateau, Ronny Saminaden, déclara qu'il n'avait jamais transporté des personnes dans des conditions aussi déplorables[87]. »

Pour finir, le gouvernement de Maurice fournit à Liseby et à son mari, France, un logement sans confort près de la rade à Port Louis, dans un quartier appelé *Baie du Tombeau*. « Peu de de temps après notre arrivée, j'ai perdu l'enfant, mon premier, raconte Liseby. Je crois que c'était à cause du traumatisme et du chagrin. » À peu près à cette époque, Liseby et France furent photographiés pour la première fois : leur visage traduit une nette anxiété.

« Le bâtiment où on habitait était grand, sur trois niveaux, tous divisés en appartements. Je crois qu'il avait été conçu pour des dockers. Un ou deux immeubles étaient vides, et c'est là qu'ils nous ont parqués, nous, les Chagossiens. Les conditions n'étaient pas acceptables. Il n'y avait pas de fenêtres, pas de portes, partout des débris et des ordures. On a tout nettoyé, et c'est là qu'on a vécu, pendant quatorze ans, jusqu'en 1987. On était quatre ou cinq par pièce. »

Liseby commença à travailler presque immédiatement. « Je n'avais pas le choix, parce qu'on avait besoin d'argent. On n'avait rien. J'ai d'abord travaillé dans une boutique et après comme domestique. Bientôt j'ai été enceinte de nouveau. Mon premier enfant est né là, en 1977, un garçon. On l'a appelé Désiré. Il est mort en 2016, en Angleterre. Après lui j'ai eu cinq autres enfants, une fille qui s'appelle Anesa et quatre garçons. Jimmy. Ivan. Brian. Andy. »

Trois des garçons vivent à Manchester, en Angleterre, et les deux autres enfants à Maurice. « Ils veulent tous retourner à Peros Banhos, ajoute-t-elle. Mes frères et sœurs aussi. Ils sont tous vivants, mais il y en a deux, France et Toto, qui habitent en Angleterre, à Crawley. Chacun de nous pensait à Peros Banhos tous les jours. On se demandait tous ce que l'île était devenue. On se le demande toujours, tous les jours. »

III.

1984

> La paupérisation et l'expulsion des plus faibles dans l'intérêt des puissants n'a pas de quoi susciter la fierté.
>
> Le juge Stephen Sedley, Londres, 2004

Mon premier contact avec le droit international eut lieu à l'automne 1980, alors que j'avais dix-neuf ans. J'étais étudiant à l'université, et mon enseignant était le professeur Jennings, originaire du Yorkshire, doué d'un sens de l'humour caustique et arborant des sourcils très fournis. À la veille de devenir juge à la Cour internationale de La Haye, il déclencha mon intérêt pour un sujet qui semblait étroitement lié à ma situation familiale, dans la mesure où ma mère avait été réfugiée de guerre dans son enfance. Je conserve encore les notes que j'ai prises durant cette année, un cours de droit international public dont je me souviens avec bonheur, trois cents étudiants massés dans un grand amphithéâtre. Mes notes confirment le fait que le colonialisme et l'autodétermination n'étaient pas traités, bien qu'il fût question du jugement rendu par la Cour en 1966 à propos du Sud-Oucst africain et des limites de la fonction judiciaire, mais seulement en passant et sans la moindre mention des controverses qu'avait soulevées cette affaire ni des préjudices raciaux en jeu. Les étudiants autour de moi étaient presque tous blancs.

J'étudiai encore un an pour obtenir mon diplôme en droit international, auquel j'allais consacrer ma vie. Mes professeurs m'initièrent à de nouveaux sujets : M. Lauterpacht, le fils unique de sir Hersch, donnait un cours sur les nouvelles règlementations maritimes, et M. Greenwood nous enseignait le droit de la guerre. Lors d'un des cours de ce dernier, un débat fougueux s'éleva quant à la légalité des armes nucléaires, dans lequel lui et moi exprimâmes des opinions radicalement opposées, ce qui, notons-le, ne l'encouragea pas à me mettre une mauvaise note à l'examen final, fait très apprécié à l'époque et jusqu'aujourd'hui. Ce fut le cycle de conférences données par M. Allott, toutefois, qui m'ouvrit à une nouvelle façon d'envisager les choses, établissant le lien explicite entre le droit, la politique et l'histoire, et cela même si le passé colonial de la Grande-Bretagne n'était qu'à peine effleuré. Les premiers enseignements que je reçus en droit international, et dont je garde d'excellents souvenirs, étaient exclusivement assurés par des professeurs qui étaient des mâles blancs, éduqués à considérer le monde avec, en tête, l'idée que le Royaume-Uni y occupait une place particulière, en tant que l'un des rares acteurs de la scène internationale à manifester un engagement irréductible en faveur de l'état de droit.

Je passai l'année suivante, 1983, aux États-Unis, où l'interaction entre la politique et le droit était étudiée plus pleinement. Je travaillais comme assistant de recherche auprès du professeur David Kennedy à Harvard, et je fus plongé dans un monde au sein duquel de nombreux étudiants n'étaient pas blancs. Pour la première fois, j'assistais à un cours de droit international donné par un professeur noir, Clyde Ferguson, qui avait contribué, en 1967, à la version préliminaire de la déclaration de l'UNESCO, statuant sur la race et les préjudices raciaux, avec un accent porté sur le colonialisme, l'esclavage et le racisme[1]. Son cours sur les droits de l'homme m'ouvrit des perspectives très différentes de celles auxquelles on m'avait habitué.

Au printemps 1984, je vivais dans un petit appartement sur Massachusetts Avenue, tout près de Harvard Square. Tous les jours, j'allais acheter le journal au célèbre kiosque (aujourd'hui définitivement fermé) Out of Town News, et je me rappelle encore le matin où je lus, en première page du *New York Times*, un titre qui me paraissait directement lié au monde que je fréquentais : *Le Nicaragua saisit la Cour internationale de justice dans l'affaire qui l'oppose aux États-Unis*[2].

L'article décrivait la lutte engagée par un petit pays d'Amérique centrale pour obtenir une décision de la Cour internationale de justice concernant le soutien apporté par les États-Unis à des attaques militaires et à la pose de mines dans plusieurs ports du pays. Le journaliste citait les avocats du Nicaragua, le professeur Abram Chayes de Harvard et le professeur Ian Brownlie d'Oxford. Le département d'État des États-Unis désirait que la Cour renonce à exercer sa compétence, comme cela avait été le cas dans les affaires liées au Sud-Ouest africain. Le professeur Chayes, qui avait été le conseiller légal du Président Kennedy au département d'État durant la Crise des missiles cubains, décrivit cela comme un argument d'avocat pinailleur.

L'article ne dévoilait pas toute l'histoire sous-jacente à ce dossier, dont je n'ai connu les tenants et les aboutissants que plusieurs années après. C'était le résultat d'un travail créatif mené par deux avocats relativement jeunes, Judith Appelbaum et Paul Reichler, qui travaillaient pour un cabinet basé à Washington DC et avaient été mandatés par le nouveau gouvernement sandiniste du Nicaragua, et par un avocat nicaraguayen, Carlos Arguello. Au départ, l'objectif était de remettre la main sur des sommes d'argent escamotées, au moment de sa fuite à l'étranger, par l'ancien dictateur, Anastasio Somoza, celui-là même qui avait si chaleureusement reçu sir Percy et lady Spender. À la suite de l'élection du Président Reagan, Reichler et Appelbaum rejoignirent un autre cabinet qui, après l'invasion de la Grenade par les États-Unis en 1983, se montra réticent à l'idée de poursuivre les États-Unis à La Haye (« cela n'entrait pas dans le cadre de ce que nous souhaitions faire pour le Nicaragua[3] »). Les deux avocats ouvrirent alors leur propre cabinet, Reichler & Appelbaum[4], en collaboration avec Carlos Arguello.

En avril 1984, le Nicaragua saisit la Cour. Ceux qui rédigèrent le projet de requête ne devinèrent pas que cette dernière allait permettre à la CIJ de réparer les dommages causés par le jugement dans l'affaire du Sud-Ouest africain. Cette procédure finirait aussi, des années plus tard, par ouvrir une autre porte, par laquelle madame Élysé se faufilerait.

Le Camp Justice

Afin de comprendre la convergence d'événements qui ont conduit la Cour à devenir un agent du changement, il est nécessaire de remonter encore un peu dans le temps. Pour un étudiant en droit international ayant atteint sa majorité dans les années 1980, comme ce fut mon cas, le passé était un pays étranger. À la différence de ce qui se passe aujourd'hui avec l'accès immédiat aux sources grâce à Internet, il arrivait que l'on doive attendre plusieurs mois avant que la copie d'un document issu des Nations Unies à New York ou de la Cour à La Haye ne parvienne jusqu'à la bibliothèque universitaire. Des informations concernant des faits nouveaux, comme la requête du Nicaragua ou la signature de la convention historique des Nations Unies sur le droit de la mer deux ans plus tôt, n'étaient pas faciles à obtenir. Des renseignements sur des événements politiques plus modestes, comme le discours que le Premier ministre Anerood Jugnauth prononça à l'ONU à l'automne 1982 et qui posa les bases de la requête portée par les Chagos, n'avaient aucune chance de nous atteindre. Le discours avait très bien pu faire des vagues à Port Louis mais, en Grande-Bretagne, personne n'avait rien remarqué, à part, peut-être, quelques fonctionnaires des Affaires étrangères[5].

Je ne savais rien des Chagos à cette époque, exactement comme je ne savais rien des Malouines, occupées abusivement par l'Argentine en avril 1982, au motif que ces îles lui appartenaient. Nous ne savions rien de l'installation, dix ans plus tôt, en mars 1971, d'une base militaire à Diego Garcia, une île dont on avait déplacé de force tous les habitants. « Vous êtes absolument obligés de partir », avait déclaré l'amiral Elmo Zumwalt à la population locale[6]. Le projet « Reindeer Station », comme on avait d'abord appelé le centre dévolu à la communication navale des États-Unis, commença par la construction d'une courte piste d'atterrissage. L'année suivante, la station fut rebaptisée « Camp Justice », sans ironie aucune, et la piste élargie et étendue pour permettre l'accès aux C-141, avions de transport géants.

Le premier avion à atterrir, le jour de Noël, fit débarquer M. Bob Hope, le célèbre showman, accompagné d'une troupe de vingt-

sept artistes, dont deux *American Beauties*, lauréates de concours de beauté, et une Australienne récemment couronnée Miss Monde. Sur fond d'eau transparente et de palmiers, les artistes chantaient, dansaient, racontaient des blagues pour distraire les troupes, comme oublieux de l'histoire de l'île, une plantation au service de laquelle avaient travaillé des hommes et des femmes réduits en esclavage et dont les descendants venaient d'être déportés.

En août 1973, une entreprise taïwanaise construisit un canal d'accès pour les navires dans le lagon profond de Diego Garcia, équipé d'un bassin permettant aux vaisseaux militaires les plus gros d'opérer un demi-tour. Le tarmac fut encore étendu et agrémenté d'aires de trafic et de guidage d'approche, ainsi que de hangars et d'autres commodités. Ce qui devait être une modeste station de télécommunication devenait une base militaire importante et autorisée par le Congrès américain à fournir un soutien militaire à des opérations à travers tout l'océan Indien. Le *Washington Post* publia un article sur les conditions de vie abjectes dans lesquelles se trouvaient alors nombre de Chagossiens et sur leur demande d'aide, mais cela ne déboucha sur aucune amélioration[7]. Pas plus que le rapport établi par l'ONG Minority Rights Group à Londres, qui comparait Diego Garcia aux Malouines[8]. Avec la chute du shah d'Iran entraînée par une révolution islamique et l'entrée des troupes soviétiques en Afghanistan, à la fin des années 1970, la région devint l'épicentre d'une nouvelle guerre froide et d'autres luttes politiques. Diego Garcia prit alors toute son importance aux yeux des États-Unis, qui y investirent un demi-milliard de dollars durant la décennie suivante, agrandissant la base pour qu'elle puisse accueillir des déploiements rapides de forces militaires et une flotte considérable.

*
* *

Tandis que la construction du Camp Justice et les déportations s'organisaient, la Cour internationale de La Haye était aux prises avec les répercussions de l'affaire du Sud-Ouest africain. Les décisions rendues en 1966 avaient conduit de nombreux pays récemment émancipés du gouvernement colonial à considérer cette institution avec scepticisme, comme une relique de l'ère coloniale. Peu de requêtes parvenaient à la Cour, et celles qui arrivaient venaient d'Europe. Un différend maritime entre l'Allemagne de l'Ouest, le Danemark et les Pays-Bas fut la seule affaire contentieuse à être portée devant la Cour dans les années qui suivirent.

Quatre ans après le verdict de 1966, toutefois, une première faille apparut. Le Conseil de sécurité avait ordonné à l'Afrique du Sud de se retirer de la Namibie[9], ayant déterminé que l'occupation continue du territoire était illégale et que les mauvais traitements infligés aux habitants constituaient une violation flagrante des droits de l'homme. Le Conseil de sécurité exigea que les pays membres cessent toute activité avec l'Afrique du Sud en lien avec la Namibie[10]. Lorsque l'Afrique du Sud refusa de quitter les lieux, le Conseil demanda un avis consultatif à la Cour concernant les conséquences légales de l'entêtement manifesté par l'Afrique du Sud.

La composition de la Cour avait changé : sir Percy Spender avait pris sa retraite, et son ennemi juré, Zafarullah Khan, était à présent président[11]. En juin 1971, par une large majorité – et malgré le désaccord de Gerald Fitzmaurice –, la Cour conclut que la présence de l'Afrique du Sud en Namibie était illégale, que le pays devait se retirer « immédiatement » et que tous les États membres de l'ONU devaient éviter toute forme de soutien à l'occupant.

La décision de la Cour s'appuyait sur les résolutions de l'Assemblée générale, dont la 1514, qui étaient considérées comme directement coercitives, c'est-à-dire susceptibles de produire des contraintes légales en conséquence d'un jugement[12]. Une autre résolution, la 2145, avait mis fin au mandat de l'Afrique du Sud en Namibie et s'était assuré la coopération du Conseil de sécurité pour mettre en œuvre le retrait de l'Afrique du Sud[13]. Par une large majorité, les juges déclarèrent que la pratique de l'*apartheid* – une discrimination fondée sur la race, la couleur de peau et d'autres facteurs – violait les droits fondamentaux des Namibiens et l'objectif autant que les principes de la Charte des Nations Unies[14]. L'Afrique du Sud devenait un État hors la loi.

Le président Zafarullah Khan rédigea une déclaration dans laquelle il ne mâchait pas ses mots : la perpétuation de l'administration coloniale par l'Afrique du Sud était « un déni du droit à l'autodétermination tel qu'envisagé par la Charte[15] ». Cela représentait une réfutation directe de l'opinion dissidente rédigée par Fitzmaurice, irrité et intarissable au point de produire un document de plus d'une centaine de pages ressassant des formalismes légaux. L'Afrique du Sud aurait dû avoir le droit de désigner un juge *ad hoc*, estimait Fitzmaurice ; Khan ainsi que deux autres juges n'auraient pas dû siéger[16] ; l'affaire aurait dû être rejetée sur le fond. Tout en respectant les « sentiments humanitaires » traduits par la décision de la Cour, écrivait Fitzmaurice, il ne pouvait accepter le raisonnement : imprégné par un instinct colonial persistant, il considérait que l'Afrique du Sud n'avait pas violé son mandat – lequel ne pouvait être résilié par l'Assemblée générale – et que la résolution 2145 était nulle et sans effet juridique[17]. (En relisant ses propos aujourd'hui, je me rappelle une opinion dissidente qu'il avait rédigée quelques années plus tôt, en tant que juge à la Cour européenne des droits de l'homme, dans une affaire de sévices corporels par le fouet infligés à un garçon de quinze ans sur l'île de Man. Tandis que la Cour avait jugé ce châtiment humiliant et illégal, il avait exprimé son désaccord au motif que les jeunes gens, étant dotés, selon lui, d'une « perversité naturelle », considéraient les punitions corporelles comme des « affaires de fierté et de gratification »[18].)

Au tournant des années 1970, Fitzmaurice était une voix isolée. La Cour internationale était sur le point de s'embarquer dans une nouvelle aventure, alors que l'idée d'un monde postcolonial commençait à poindre.

La mer

S'il est vrai que l'avis consultatif de 1971 annonçait une nouvelle vague, celle-ci ne suffit pas à balayer immédiatement la lassitude éprouvée par certains pays en voie de développement, particulièrement en Afrique, à l'égard de la Cour. Les doléances furent formulées avec férocité lors des négociations d'un nouveau traité, la convention des Nations Unies sur le droit de la mer, conclue en décembre 1982 et couronnée par une cérémonie de signature à Montego Bay, en Jamaïque. La convention mit plus d'une décennie à voir le jour, avec la participation de plus de cent cinquante pays aux débats.

L'UNCLOS (United Nations Convention on the Law of the Sea), comme on la nomme en adoptant l'acronyme anglais, fut considérée comme un outil postcolonial précoce, un de ceux qui cherchaient à traduire en actes le principe de l'autodétermination. Le traité du droit de la mer avait pour objet des aspects techniques comme la liberté en haute mer, les droits des pays côtiers et la délimitation des frontières maritimes. Il développait également de nouvelles règlementations, accordant aux pays côtiers le droit de pêcher sur une « zone économique exclusive », qui s'étendait jusqu'à 200 milles du rivage, et d'exploiter le pétrole et le gaz sur une étendue plus importante et jusqu'à la limite du plateau continental. Il faisait aussi preuve d'innovation avec les nouvelles règlementations concernant le respect de l'environnement marin et la mise en application de la notion de « patrimoine commun de l'humanité », accordant à tous les États, quelles que soient leur richesse et la distance qui les sépare de l'océan, et même aux États n'ayant pas un accès direct à la mer, des droits sur les ressources minières situées dans le sous-sol marin.

Avec la nouvelle règlementation, d'autres institutions virent le jour et des mécanismes furent mis en place dans le but de résoudre les conflits qui ne manqueraient pas d'éclater; cette série d'innovations fut conduite par les États-Unis[19]. De nombreux pays réclamaient la création d'un tribunal international spécifique dans le but d'éviter la Cour de justice de La Haye. Les institutions existantes étaient considérées comme « faisant le jeu du colonialisme » par la Chine et d'autres pays qui réclamaient de changer les règles pour refléter des intérêts nouveaux[20]. En invoquant la résolution 1514, la Namibie rejoignit la convention alors même qu'elle était encore occupée illégalement par l'Afrique du Sud[21].

Les négociations concernant le règlement des différends devinrent un levier du changement, avec des opinions extrêmement tranchées venant de tous les coins du globe. Trinité-et-Tobago était l'un des nombreux pays à avoir de sérieuses réserves à l'égard de la Cour, qui était en sommeil; Cuba déclara clairement qu'elle n'irait pas à La Haye, une institution qui servait le *statu quo*[22]. Les pays africains exprimèrent de vigoureuses objections à l'encontre de la Cour. Madagascar réclamait la création d'un nouveau tribunal pour les affaires du droit de la mer[23], tout comme le Nigeria, même s'il consentait à voir La Haye conserver un rôle résiduel[24]. Maurice, de son côté, proposa un arbitrage et des panels *ad hoc*, créés à l'occasion de chaque différend, plutôt que d'avoir recours à la Cour[25]. En Amérique du Sud, l'Équateur désirait qu'un nouveau tribunal voie le jour pour refléter « les aspirations des pays en voie de développement[26] », et le Surinam proposa un tribunal doté d'« un rôle plus étendu pour les pays en voie de développement[27] ». En Asie, le Bangladesh et l'Indonésie joignirent leur voix pour en appeler à une nouvelle cour de justice[28]– tout comme le firent la Syrie[29] et les Émirats arabes unis –, un tribunal susceptible de prendre en compte les intérêts des pays en voie de développement[30]. L'élan était large et irrésistible, croissant à mesure que les anciennes colonies joignaient leur voix à celle des pays émergents. L'Irlande exprima des doutes quant à la création d'un nouveau tribunal, mais reconnut qu'au vu de l'absence de crédibilité de la Cour auprès de nombreux pays, une nouvelle institution devrait être créée[31].

Et ce fut fait. La partie XV de la convention proposait une série d'alternatives pour le règlement des différends maritimes: les parties pouvaient saisir la Cour de La Haye, ou un tribunal dévolu au droit de la mer, ou encore avoir recours à un arbitrage. Plusieurs années s'écouleraient avant que l'UNCLOS n'entre en vigueur et, lorsque ce fut le cas, un nouveau tribunal spécifique fut établi à Hambourg. Il comportait vingt et un juges, six de plus que la Cour de La Haye, et n'offrait aucune garantie d'un siège réservé aux juges issus des cinq pays membres permanents du Conseil de sécurité (à la différence de La Haye). À l'issue du premier scrutin de 1996, une majorité des juges élus venaient des pays en voie de développement ; le premier président du tribunal, Thomas Mensah, originaire du Ghana, était un enfant du colonialisme, né sous l'administration coloniale britannique dans la colonie de la Côte-de-l'Or. Je figurais comme conseiller pour la première affaire, en perruque et robe lors d'une audience organisée dans une salle de fortune à l'hôtel de ville de Hambourg – des années plus tard, le juge Mensah me confia, avec un large sourire, qu'il s'était demandé, à cette occasion, si un jour arrivera où la présence britannique ne sera pas la norme dans le monde de la justice internationale.

La création du Tribunal international du droit de la mer (TIDM) à Hambourg signifiait que La Haye perdait son monopole. La Cour devait faire face à la concurrence, à présent qu'une place des marchés des cours internationales prospérait, reflet, peut-être, des idéologies de Margaret Thatcher et de Ronald Reagan qui vinrent à dominer le monde politique dans certains pays au début des années 1980. La concurrence, dans le monde ésotérique du droit international, deviendrait un élément déterminant dans l'affaire des Chagos.

Le Nicaragua

Deux ans après la signature de l'UNCLOS, le Nicaragua introduisit une requête d'instance contre les États-Unis devant la Cour internationale de La Haye. C'était une affaire à la David et Goliath, idéale pour permettre à la Cour de redorer son blason dans un contexte de concurrence avec Hambourg.

Le Nicaragua avait été une colonie espagnole avant de gagner son indépendance au début du XIXe siècle. Pendant plusieurs dizaines d'années, il fut gouverné par les Somoza, une famille despotique aux opinions violemment anticommunistes et vigoureusement pro-américaines. En juillet 1979, après des années à la tête du pouvoir, les Somoza furent renversés par le Frente Sandinista de Liberación Nacional, les sandinistes[32]. Le Président Reagan imposa un blocus américain sur le pays, offrant de l'argent, de l'entraînement et des armes à la Contrarrevolución, un groupe paramilitaire antisandiniste connu sous le nom de « Contras[33] ».

À l'automne 1983, l'objectif principal du Nicaragua était de déplacer le point focal du débat au sein du Congrès américain afin d'influencer le vote sur l'aide aux Contras[34]. Le professeur Chayes espérait que l'affaire permettrait de tendre un miroir aux États-Unis et de les conduire à remettre en cause leur image de « nation fidèle à l'état de droit, fière de son rôle dans la création, le soutien et la défense de l'ordre juridique international[35] ». La chance du Nicaragua, estimait le professeur Chayes, était que la Cour internationale était bien vue des États-Unis parce qu'elle avait récemment condamné l'Iran après que ce dernier avait assiégé l'ambassade américaine à Téhéran et retenu des diplomates en otage.

Face à l'opposition, exprimée par l'Union soviétique et Cuba, à l'initiative légale, les avocats du Nicaragua préparèrent un mémorandum sur la Cour, les juges, les plaidoiries, les preuves et les réactions probables des Américains, aussi bien d'un point de vue légal que politique. L'exercice s'étala sur plusieurs mois, engageant des « consultations secrètes » avec des gouvernements amis, notamment le Mexique, dont le Premier ministre deviendrait plus tard juge à la Cour. Nombreux étaient ceux qui pensaient que le Nicaragua avait un dossier solide[36]. Lors d'une réunion à New York, les avis d'un juge en exercice à La Haye issu d'un pays non aligné furent recueillis. La Cour rendrait-elle un jugement impartial, ou les magistrats se sentiraient-ils obligés de favoriser les États-Unis ? La réponse fut « sans équivoque » et elle précipita la décision : la composition de la Cour impliquait que l'on pouvait compter sur elle pour examiner l'affaire sur le fond, dit-on aux conseillers[37].

En avril 1984, le Nicaragua déposa une plainte contre les États-Unis, pour violation de l'interdiction du recours à la force édictée par la Charte de l'ONU et le droit international[38]. Les États-Unis, de leur côté, prétendraient avoir eu recours à la force dans le cadre légal de la légitime défense collective, ayant apporté leur soutien au Salvador contre les incursions du Nicaragua sur son territoire.

En mai 1984, à l'issue d'une brève audience, sous la présidence du juge nigérian Elias, la Cour ordonna des mesures conservatoires, dans l'attente d'une audience complète de l'affaire. Les mesures exigeaient que les États-Unis mettent fin à leur blocus des ports nicaraguayens et à la pose de mines, et qu'ils respectent la souveraineté et l'indépendance du Nicaragua. Le jugement fut largement relayé dans la presse, ce qui entraîna un regain d'intérêt pour la Cour à travers les pays en voie de développement[39]. Quelques mois plus tard, en novembre, la Cour décida par une large majorité qu'elle avait compétence : le juge américain, Stephen Schwebel, fut le seul à émettre une opinion dissidente, sans le soutien de son collègue britannique, le juge Jennings, mon premier professeur de droit international. La réaction des États-Unis ne tarda pas : ils ne participeraient pas à l'affaire et prenaient leur distance avec la Cour[40]. Le département d'État déclara que la justice était subvertie et que le Nicaragua, de conserve avec ses soutiens cubains et soviétiques, utilisait la Cour « comme une arme politique[41] ».

On put alors procéder à l'examen du fond. La question qui fut soulevée concernait les circonstances dans lesquelles un pays pouvait avoir recours à la force pour intervenir dans les affaires d'une autre nation. Le dossier n'avait aucun lien apparent avec l'autodétermination, pourtant la question s'immisça de façon inattendue dans les débats, à la suite de la publication d'un article universitaire intitulé : « Coercition et autodétermination ». Son auteur, le professeur Reisman, plaidait pour une interprétation étendue de la Charte de l'ONU, qui limitait le recours à la force aux cas de légitime défense ou lorsque le Conseil de sécurité l'autorisait[42]. Il plaidait en faveur de la possibilité pour des pays d'utiliser la force militaire dans le but de libérer la population d'un autre pays dans lequel la « volonté du peuple » aurait été bafouée par une minorité « sans un soutien populaire à la base »[43]. L'article ne faisait pas mention du Nicaragua, mais sa présence était néanmoins palpable. L'article 2(4) devait être interprété dans le sens d'une « aide » à l'autodétermination, écrivait l'auteur, et non dans sa limitation[44]. Si la force ne pouvait pas être employée pour protéger les droits fondamentaux des autres – pour promouvoir l'autodétermination –, le droit international s'en trouverait discrédité, une conséquence qui « bafouerait le sens commun[45] ».

On était alors au printemps 1985, et le juge indien Singh était président de la Cour. C'était la première fois que je me rendais dans cette institution, en tant que jeune universitaire accompagnant des étudiants en droit à une joute – un pseudo-procès visant à les entraîner – au palais de la Paix. Je me rappelle ma première impression, à distance, jetant un œil entre les barreaux de hautes grilles en fer forgé en direction d'un bâtiment imposant d'une autre ère, incarnant à la perfection l'idée d'autorité et de pouvoir du droit tels qu'on aimerait qu'ils soient. Je ne me doutais pas, à l'époque, que, durant des années, y revenant souvent, mes impressions à l'égard de ce lieu évolueraient, avec des hauts et des bas.

À l'été 1986, la Cour rendit son jugement dans l'affaire du Nicaragua. Une large majorité des juges conclurent que les États-Unis avaient violé les droits du Nicaragua selon les règles internationales et enfreint sa souveraineté. Ils rejetèrent l'argument américain fondé sur l'idée de légitime défense collective et exigèrent des réparations au bénéfice du Nicaragua[46]. Le juge Schwebel exprima sa divergence, évoquant les idées du professeur Reisman dans un discours fougueux, mais solitaire, sur l'autodétermination. « Dans le droit international contemporain, écrivit-il, le droit à l'autodétermination, à la liberté et à l'indépendance des peuples est universellement reconnu », et ceux qui invoquaient ce droit devraient avoir la possibilité d'obtenir assistance et soutien. Si les États-Unis avaient la capacité de fournir une aide morale, politique ou humanitaire à des populations luttant pour leur autodétermination, pourquoi n'offriraient-ils pas aussi des armes, surtout si cette lutte s'inscrivait dans « la poursuite de [...] la décolonisation ou du combat contre la domination raciale »[47] ? « Ce qu'est une colonie et qui est le colonisateur sont des questions hautement polémiques[48] », expliqua-t-il. La plaidoirie n'obtint aucun soutien, dans la mesure où les autres juges tenaient à prendre leurs distances vis-à-vis des États-Unis. En effet, le recours à la force pour libérer la majorité « colonisée » de la population du Nicaragua n'était pas un acte qu'ils cautionnaient.

C'est ainsi que le jugement rendu dans l'affaire du Nicaragua ferma résolument la porte à l'interprétation étendue du concept d'autodétermination dans un sens que Bunche et Boland auraient sans doute récusé. Dans le même temps, le procès modifia l'image de la Cour, effaçant bien des taches laissées par l'affaire du Sud-Ouest africain. Cela aida la Cour à sortir de la zone d'ombre où elle se trouvait ; c'était un premier pas, qui contribua à en faire une instance vers laquelle une ancienne colonie pourrait se tourner dans l'avenir, afin de se débarrasser d'un joug colonial persistant.

Madame Élysé, 1984

La Cour jugea que le droit international exigeait que les États-Unis paient une somme d'argent au Nicaragua en réparation. Cependant, à la suite d'un changement de gouvernement et d'une offre substantielle d'assistance économique de la part de l'administration du Président George H. W. Bush, récemment élu, le Nicaragua accepta de mettre un terme à la procédure. La Cour ne détermina jamais le montant des préjudices à payer. Dans le cas des Chagos, toutefois, la question des réparations continuait d'être brûlante.

En 1970, la Grande-Bretagne avait payé 3 millions de livres en compensation à Maurice pour la « perte de sa souveraineté » sur les îles des Chagos[49]. Quatre ans plus tard, 650 000 livres supplémentaires furent débloquées pour la réinstallation des « personnes déplacées ». Le gouvernement britannique considérait cela comme un « règlement intégral et définitif » dans le cadre des obligations de la Grande-Bretagne[50]. Une somme modeste, dont une partie arriva effectivement jusqu'aux Chagossiens.

« Vous avez reçu de l'argent en dédommagement ? demandai-je à madame Élysé.

– Un peu, répondit-elle. Un petit peu. »

Elle se remémora les détails, grâce à plusieurs documents qu'elle avait conservés.

« En avril 1978, j'ai reçu 7 590 roupies. » Ce qui équivalait à environ 500 livres.

« En 1982, ils m'ont encore donné 10 000 roupies. » À peu près 600 livres.

« En 1983, j'ai encore reçu 3 000 roupies. » 200 livres.

Dans la décennie suivant son expulsion de Peros Banhos, elle avait donc reçu la somme conséquente de 1 300 livres.

« En 1984, une somme plus importante est arrivée, environ 36 900 roupies. C'était la direction centrale du logement à Maurice qui me l'avait attribuée. On l'a utilisée, mon mari et moi, pour construire une maison. En 1988 on a déménagé dans notre nouvelle maison et c'est là que nous habitons depuis ce jour. »

À plusieurs reprises, j'ai rendu visite à madame Élysé et à sa famille dans cette maison où ils vivent depuis une trentaine d'années. À chaque occasion, elle a préparé des repas chagossiens traditionnels, que nous avons partagés avec son mari, ses enfants et un de ses petits-fils qui aime porter des tee-shirts vert fluo portant l'inscription *West Coast Chillin* sur le devant. En compagnie de ses amis, des Chagossiens comme elle, nous avons passé des heures assis à la longue table sur la terrasse couverte, à proximité des cinq fresques peintes par l'artiste Clément Siatous, lui aussi né sur Peros Banhos. L'une d'elles représente la plage de Peros Banhos au soleil couchant, avec des oiseaux,

des palmiers, des pêcheurs et des bateaux à voile. Sur l'autre, on voit la maison de l'administrateur, avec son escalier peint en blanc qui mène au balcon couvert et à l'entrée située au premier étage.

*

* *

Si les Britanniques pensaient que les maigres sommes versées à madame Élysé et aux autres Chagossiens suffiraient à enterrer l'affaire, ils allaient être déçus. Avec le temps, le sentiment d'injustice a tendance à fermenter, il faut alors trouver le moyen de le canaliser. C'est à cela que servent les tribunaux.

Vers le milieu des années 1970, Michel Vencatassen fut le premier à saisir les cours de justice anglaises. Déporté des Chagos, il porta plainte contre le gouvernement britannique pour « intimidation et privation de liberté ». Craignant une publicité défavorable, le gouvernement britannique régla l'affaire à l'amiable pour 4 millions de livres, de l'argent détenu en fiducie au profit des Chagossiens. Pour obtenir un paiement, les individus devaient renoncer à leurs droits en signant un morceau de papier[51]. Madame Élysé signa un document où était écrit :

Considérant la compensation que l'on m'accorde [...] je renonce à toute réclamation, présente ou à venir, contre le gouvernement du Royaume-Uni, [...] ses fonctionnaires, ses agents ou ses contractuels en ce qui concerne [...] tous les actes, affaires et choses faites en application du ou conformément au traité de 1965 sur les Territoires britanniques de l'océan Indien, y compris la fermeture des plantations dans l'archipel des Chagos, mon départ ou ma déportation de cet endroit, la perte de mon emploi [...].

N'ayant jamais appris à écrire, madame Élysé apposa l'empreinte de son pouce au bas de la page. N'ayant jamais appris à lire, elle ne savait pas vraiment, me dit-elle, ce que ce papier signifiait ni que sa signature entraînerait pour elle de si grandes pertes. Des années plus tard, un organe de défense des droits de l'homme de l'ONU mit en doute la validité du document pour ces raisons[52].

Au moment où Madame Élysé apposait son empreinte sur le papier, le gouvernement anglais dépêchait des forces navales dans le sud de l'océan Atlantique pour recouvrer sa domination sur les îles Malouines, à la suite d'une occupation inattendue par l'Argentine. Afin de justifier son intervention, le Royaume-Uni invoqua le droit à l'autodétermination et la Charte de Nations Unies, prétendant protéger les deux mille huit cent quarante et un habitants de cette colonie britannique[53]. La différence d'approche dans le traitement des deux populations – l'une blanche, l'autre noire – ne fut pas clairement reconnue. Trente ans plus tard, en mai 2015, le gouvernement britannique irait même jusqu'à publier un article intitulé « Le Droit des habitants des Malouines à l'autodétermination[54] ». Un bel exemple d'aplomb au moment précis où ce même gouvernement s'opposait à l'autodétermination pour Maurice dans le cas des Chagos. Deux poids deux mesures, différents pour les Blancs et pour les Noirs.

Le compromis trouvé dans l'affaire Vencatassen ne mit pas fin à l'histoire. Olivier Bancoult, le neveu de madame Élysé, entama une longue série d'actions en justice devant les tribunaux anglais[55]. Né sur l'île de Peros Banhos, Olivier avait quatre ans lorsqu'il fut déporté à Maurice avec sa famille. À la sortie du lycée, à l'âge de dix-huit ans, il commença à s'intéresser aux droits des Chagossiens. « Je voulais que justice soit faite pour ma famille et pour mon peuple. »

En 1998, Olivier Bancoult intenta une action en justice devant la Haute Cour à Londres, pour contester une loi sur l'immigration datant de 1971 qui empêchaient les Chagossiens de retourner chez eux. L'affaire *Bancoult n° 1* fut un succès, car la Haute Cour déclara cette loi illégale[56]. Le pouvoir de légiférer pour « la paix, l'ordre et une bonne gouvernance », sur laquelle elle était fondée, ne permettait en aucun cas l'expulsion définitive des habitants, déclara la Haute Cour. Le gouvernement britannique accepta le verdict et le secrétaire d'État aux Affaires étrangères, Robin Cook, annonça que les Chagossiens seraient autorisés à retrouver leur foyer sur Peros Banhos et les autres îles alentour. Un nouveau décret relatif à l'immigration fut adopté, permettant l'entrée et le retour sur toutes les îles des Chagos, à l'exception de Diego Garcia. Au bout d'un quart de siècle, madame Élysé pouvait enfin imaginer son retour sur sa terre natale.

Dans l'attente de l'exécution, Olivier intenta une nouvelle action en justice devant la Haute Cour, *Bancoult n° 2*. Elle visait à obtenir une compensation et le rétablissement des droits de propriété de ceux qui avaient été déplacés de force, ainsi que des mesures facilitant leur retour. Cette fois, il perdit, et aucun appel ne fut accordé. La Haute Cour reconnut que les familles et les communautés avait été bouleversées et, pour certaines, détruites, et que les fonctionnaires britanniques avaient agi de façon « sournoise », mais la plainte était dépourvue de fondement en droit.

En 2004, le gouvernement britannique changea brusquement d'orientation quant à un possible retour de Madame Élysé et des autres Chagossiens. Ce revirement suivit la décision prise par le Royaume-Uni de s'aligner sur les États-Unis dans leur action pour destituer Saddam Hussein et occuper l'Irak, un choix présagé par le limogeage de Robin Cook et son remplacement au poste de secrétaire d'État aux Affaires étrangères par Jack Straw. Un nouveau décret relatif au Territoire britannique de l'océan Indien fut adopté cette année-là, qui anéantissait une fois de plus l'espoir et la possibilité pour les Chagossiens de retourner sur Peros Banhos et les autres îles. Cela déclencha un large mouvement de protestation à Port Louis.

Olivier Bancoult retourna à la Haute Cour de Londres pour contester la validité du décret de 2004. Lors de l'affaire *Bancoult n° 3*, la Haute Cour jugea que le décret était « irrationnel » et illégal, dans la mesure où il n'œuvrait pas dans l'intérêt des Chagossiens. Convoquée par le gouvernement britannique, la Cour d'appel confirma cet avis, jugeant que le déplacement et l'exclusion des Chagossiens constituaient un abus de pouvoir de l'administration coloniale qui interférait avec « l'attente légitime » des Chagossiens de retrouver leur foyer. Le juge Sedley, s'exprimant au nom de la Haute Cour, résuma ainsi le traitement « honteux » qu'avaient subi les Chagossiens : « La représentation biaisée de l'histoire et du statut des Îlois, établie à dessein pour détourner toute enquête de l'ONU ; l'usage des pouvoirs légaux mis à disposition de l'administration des îles dans le but illicite de dépeupler ces dernières ; l'arrachement de nombre de familles aux seuls mode de vie et moyens de subsistance qu'ils connaissaient ; l'absence de tout approvisionnement adéquat pour leur réinstallation. » « La paupérisation et l'expulsion des plus faibles dans l'intérêt des puissants n'a pas de quoi susciter la fierté[57]. »

Le gouvernement fit appel à la Chambre des lords, la plus haute cour du pays, et gagna par une faible majorité. Les mesures n'étaient pas « irrationnelles », selon trois juges sur cinq, car ce genre d'affaires concernaient le pouvoir exécutif et n'étaient pas du ressort des tribunaux. « [L]e droit de résidence est une invention du droit », écrivit lord Hoffmann, s'exprimant pour la majorité, et « ce que le droit accorde, le droit peut le retirer ». Certes, l'expulsion et la réinstallation des Chagossiens avaient été opérées avec « une négligence cruelle de leurs intérêts », et l'argument selon lequel un retour des Chagossiens sur Peros Banhos et les îles périphériques risquerait de mettre en péril la sécurité nationale était une « spéculation sans fondement » ; mais, non, les intérêts des Chagossiens ne pouvaient pas prévaloir : Sa Majesté était « habilitée à légiférer pour une colonie selon les intérêts du Royaume-Uni » et « tenue de prendre en compte les intérêts de la colonie », mais, dans l'éventualité d'un conflit entre ces deux intérêts, elle « devait, sur avis de ses ministres, privilégier les intérêts du Royaume-Uni »[58].

Lord Bingham rédigea une violente opinion dissidente, concluant que le décret de 2004 était irrationnel. La base située sur Diego

Garcia ne s'étendait pas aux îles périphériques et le retour des habitants ne la menaçait en rien, pas plus qu'il ne mettait en péril la sécurité nationale. Les lettres envoyées par les fonctionnaires américains pour soutenir les Britanniques dans ce litige étaient « remarquablement imaginatives », mais ne fournissaient « aucune raison crédible » d'appuyer des allégations de mise en péril de la sécurité. Bingham nota que, en 1960, les fonctionnaires américains avaient clairement établi qu'ils n'opposaient aucune objection à ce que les Chagossiens demeurent sur les îles périphériques[59].

L'affaire fut portée devant la Cour européenne des droits de l'homme à Strasbourg, établie en 1950 alors que les idées concernant l'autodétermination et les droits de l'homme commençaient à se traduire dans les faits. La Cour européenne rejeta la plainte des Chagossiens, au motif que les requérants avaient reçu une compensation et que, en l'acceptant, ils avaient renoncé à toute forme de réclamation ultérieure[60]. La conclusion se fondait sur l'idée que l'occupation des Chagos par la Grande-Bretagne était légitime selon le droit international.

Les affaires jugées à Londres et à Strasbourg, ainsi que la décision prise par la Cour américaine indiquant que les plaintes des Chagossiens soulevaient des questions « non justiciables » liées à la politique étrangère des États-Unis[61], anéantirent les espoirs de madame Élysé. Vingt ans après avoir été expulsée par la force de Peros Banhos, elle se sentait « triste et diminuée ».

Le 11 Septembre

Alors qu'un XXe siècle sanglant prenait fin, de nouveaux événements se préparaient. Disparates, inattendus et sans lien apparent avec Maurice, ces événements allaient ouvrir la voie qui mènerait madame Élysé à La Haye et contribueraient à résoudre la question par laquelle j'ai entamé cette histoire.

Alors que l'affaire du Nicaragua touchait au terme, le nouveau président de l'Afrique du Sud, F. W. de Klerk, prit des mesures visant à démanteler l'*apartheid*, mettre fin à l'interdiction du Congrès national africain et relâcher Nelson Mandela qui venait de purger vingt-sept années d'emprisonnement sur Robben Island. L'Afrique du Sud finit par quitter le territoire longtemps connu sous le nom de Territoire d'Afrique du Sud-Ouest, un quart de siècle après l'arrêt de la Cour internationale de justice. La Namibie célébra son indépendance et devint le cent cinquante-neuvième État membre de l'ONU. Lors de la cérémonie d'investiture du premier président du pays, Nelson Mendela émit le souhait que « le droit inaliénable à la dignité humaine » s'appliquerait dorénavant à tous[62].

De l'autre côté de l'océan, à Rio de Janeiro, en juin 1992, les chefs de plusieurs gouvernements signèrent un ensemble d'accords visant à protéger l'environnement global. Ils inclurent un appel qui passa inaperçu aux yeux des dirigeants des pays côtiers, les engageant à conserver la diversité biologique des océans. En temps voulu, les parties rédigeant la convention sur la diversité biologique finiraient par créer des secteurs marins protégés, des espaces au sein desquels l'activité humaine serait limitée afin de protéger la biodiversité marine[63].

À New York, après la chute de l'Union soviétique en décembre 1991, le désir de justice qui avait donné naissance au procès de Nuremberg fut momentanément ranimé. Le Conseil de sécurité créa un nouveau tribunal pénal international, le premier en cinquante ans, en réaction aux crimes atroces perpétrés en ex-Yougoslavie[64] et au Rwanda[65]. La liste des « crimes contre l'humanité » comprenait une fois de plus la déportation et le déplacement de populations civiles par la force.

À Rome, durant l'été 1998, de nombreux pays contribuèrent à créer la Cour pénale internationale, cinquante ans après Nuremberg. L'article 7 de ses statuts accordait à la CIJ compétence dans les affaires de « crime contre l'humanité » de « déportation ou transfert forcé de populations ». J'étais à Rome cet été-là, pour représenter les îles Salomon, un petit pays insulaire de l'océan Pacifique, et je travaillais avec un collègue sur la rédaction du préambule au statut. Livrés à nos intuitions, nous introduisîmes dans le texte « le devoir de chaque État de soumettre à sa juridiction pénale les responsables des crimes internationaux ». C'était une avancée sans précédent, et nous nous attendions à ce que ces lignes disparaissent de la version finale, mais, on ne sait comment, elles furent conservées.

Ma présence était une conséquence directe de l'affaire que j'avais plaidée pour les îles Salomon deux ans plus tôt, devant la Cour internationale, concernant la légalité du recours aux armes nucléaires. Cela faisait suite à une demande d'avis consultatif. Une démarche malheureuse, car à cette question la Cour répondit qu'un recours à l'arme nucléaire était légal dans des circonstances exceptionnelles. La Cour avait toutefois reconnu – pour la première fois – que la protection de l'environnement faisait à présent partie du corpus du droit international[66]. C'était la première affaire que je plaidais devant cette cour, une leçon de *Realpolitik* avec une contrepartie positive du côté de l'environnement. Je me rappelle un moment précis, lors des débats, qui m'obsède encore aujourd'hui : alors que l'avocat des Samoa évoquait le « scandale » que représentait la reprise récente des essais nucléaires dans le Pacifique Sud[67], plusieurs d'entre nous qui étions présents dans la grande salle de Justice remarquâmes que le juge français avait retiré ses écouteurs pour les poser sur la table.

Tandis que ces événements se développaient et convergeaient, la décolonisation se poursuivait : l'Érythrée et le Sud-Soudan rejoignirent l'ONU, portant le nombre de membres africains à cinquante-cinq, la proportion la plus large. Pourtant, le continent africain était encore colonisé : l'Espagne conservait deux enclaves[68], deux îles étaient encore sous administration française[69], quant à la Grande-Bretagne, elle continuait de s'accrocher à la dernière colonie qu'elle avait créée en Afrique ou dans le reste du monde, connue sous le nom de Territoire britannique de l'océan Indien, autrement dit, les Chagos.

Madame Élysé et les Chagossiens n'avaient pas renoncé. Les manifestations continuaient, et le haut-commissaire britannique à Port Louis dut même, un jour, être exfiltré secrètement de son propre immeuble. « En 2001, j'ai subi quinze jours de manifestations ininterrompues contre moi », raconta M. Snoxell, évoquant le campement de trois cents Chagossiens devant le haut-commissariat[70]. Alors qu'il était personnellement en faveur d'un changement, le haut-commissaire ne put compter sur le soutien des fonctionnaires à Londres, qui résistaient en prétextant un prétendu immobilisme de Washington. Les fonctionnaires britanniques exprimaient, comme par « ventriloquie », les réponses des Américains, expliqua l'ancien haut-commissaire, les transformant à leur guise, selon ce qu'ils voulaient faire passer[71]. La raison en était simple : la base militaire sur les Chagos venait d'acquérir une nouvelle signification.

En septembre 2001, dix-neuf hommes liés à Al-Qaida détournèrent plusieurs avions et les firent s'écraser contre le World Trade Center à New York et le Pentagone aux portes de Washington DC. J'étais à New York ce matin-là, en train de donner un cours de droit international lorsque les tours jumelles s'effondrèrent. La riposte des États-Unis, avec le soutien de la Grande-Bretagne, fut prompte : une série d'attaques militaires contre l'Afghanistan, la décision de destituer Saddam Hussein en Irak, la mise en place d'un large programme visant à appréhender les personnes suspectées de terrorisme et à les placer dans des lieux de détention pour y subir des interrogatoires et être soumis – par le supplice de la baignoire et bien d'autres moyens – à la torture[72].

En secret, les États-Unis firent de Diego Garcia un élément de ce dispositif, faisant passer les détenus par l'ancien Camp Justice avant de les envoyer vers d'autres lieux d'interrogatoires forcés à travers le monde. Le gouvernement britannique nia les rumeurs, mais le secrétaire d'État aux Affaires étrangères, David Miliband, finit par présenter des excuses contraintes au Parlement pour le déni persistant et mensonger de son prédécesseur, M. Straw, l'ancien secrétaire d'État de Tony Blair. « Contrairement à ce qu'avaient laissé croire des assurances explicites quant à la non-utilisation de Diego Garcia dans le cadre de vols de transfert illégal *(rendition flights)*, des enquêtes récentes menées par les États-Unis ont révélé qu'en deux occasions, durant l'année 2002, cela avait été le cas[73]. »

Les États-Unis prétendirent qu'aucun détenu n'avait quitté les avions et que personne n'avait été retenu prisonnier ni interrogé sur les Chagos. Ces affirmations furent plus tard remises en cause par des sources fiables émanant des autorités militaires et des services d'espionnage qui prouvèrent que plusieurs détenus avaient bel et bien séjourné sur le sol colonial britannique. En 2015, un fonctionnaire retraité du département d'État confirma que Diego Garcia avait été utilisée par la CIA comme « lieu de transit », pour loger temporairement des individus qui étaient « interrogés de temps à autre »[74].

Les Britanniques étaient-ils au courant? Comment le savoir, dans la mesure où les fonctionnaires anglais détruisaient systématiquement les carnets de vol des avions atterrissant sur l'île ou la quittant[75]?

Le Comité des Affaires étrangères au Parlement britannique déplora cet échec dans le contrôle que la Grande-Bretagne se devait d'avoir sur sa colonie[76]. La commission du Sénat sur le renseignement rapporta que la CIA avait peut-être établi un site clandestin *(black site)* secret pour la détention et un lieu réservé aux interrogatoires des « suspects de haute valeur » sur Diego Garcia, et cela avec la probable « collaboration totale » du gouvernement britannique[77].

*

* *

C'est justement durant cette période que Maurice redoubla d'efforts pour récupérer les Chagos, au son de la chanson de Ton Vié, *Peros vert*, qui décrivait le déplacement forcé des Chagossiens et deviendrait une sorte d'hymne[78]. L'idée de porter l'affaire devant un tribunal international commença d'être évoquée, et le gouvernement eut recours aux services du professeur Brownlie, qui avait plaidé avec succès dans l'affaire du Nicaragua à La Haye. Ce dernier prépara un long mémorandum sur les différentes options juridiques, fondé sur l'idée qu'il avait que la séparation des Chagos d'avec Maurice était illégale et constituait une infraction à la résolution 1514 et une violation des règles établies par le droit international pour l'autodétermination et l'intégrité territoriale[79].

Le professeur Brownlie identifia deux options juridiques. Selon la première, Maurice pouvait chercher à persuader l'Assemblée générale de saisir la Cour pour une demande d'avis consultatif, comme elle l'avait fait pour la Namibie. C'était toutefois risqué dans la mesure où cela impliquerait un vote à la majorité et que l'on pouvait s'attendre à un fort lobbying de la Grande-Bretagne et des États-Unis pour empêcher que la balance ne penche du bon côté. (À la même époque, la Cour donna un avis consultatif concernant la construction par Israël d'un mur qui, concluait-elle, violait le droit du peuple palestinien à l'autodétermination; l'avis laissait cependant ouverte la question de savoir si oui ou non l'autodétermination faisait déjà partie du droit international dans les années 1960[80].)

L'autre option consistait pour Maurice à attaquer directement la Grande-Bretagne devant la Cour internationale en empruntant la voie contentieuse, à l'instar du Nicaragua. Cette seconde possibilité rencontrait un obstacle de taille : selon la Grande-Bretagne, les conflits entre pays membres du Commonwealth, comme Maurice, étaient exclus de la compétence de la Cour[81]. « Vous pourriez quitter le Commonwealth », suggéra le professeur Brownlie, ce qui permettrait de contourner les termes étroits qui bornaient la juridiction, car les *anciens* membres du Commonwealth n'étaient, eux, pas exclus de la compétence de la Cour. Ce conseil confidentiel fut ébruité. *Maurice envisage de quitter le Commonwealth*, put-on lire dans un journal de Port Louis[82]. L'article atteignit Londres sans peine, obligeant le secrétaire d'État aux Affaires étrangères à amender l'acception par la Grande-Bretagne de la compétence de la Cour, afin d'en retrancher tout conflit avec un ancien membre du Commonwealth[83]. Introduit à peu près à la même époque que le décret de 2004 interdisant aux Chagossiens de retourner chez eux, l'amendement anéantit toute possibilité pour Maurice de quitter le Commonwealth dans le but de déposer une plainte contre la Grande-Bretagne. « Le gouvernement a agi de cette façon afin d'empêcher ce recours[84] », expliqua le secrétaire d'État britannique au Parlement, sans mentionner ni Maurice, ni les Chagos, ni le Territoire britannique de l'océan Indien.

L'amendement ferma la route qu'avait empruntée le Nicaragua. Le palais de la Paix apparaissait soudain comme la plus improbable des destinations. C'est alors que le conflit en Irak débuta.

IV.

2003

Malheureusement, en plus des oiseaux on y trouve quelques Tarzans et autres Vendredis [...].

Câble diplomatique, Royaume-Uni, août 1966

Le 20 mars 2003, les États-Unis et la Grande-Bretagne déclarèrent la guerre à l'Irak, prétendument pour confisquer au pays des « armes de destruction massive », dont on découvrit plus tard qu'il ne les possédait pas. De nombreux avions qui lancèrent l'attaque initiale étaient des bombardiers B-1, B-2 et B-52 ayant décollé de Diego Garcia[1]. Cette information était méconnue en Angleterre.

Une semaine après le début de la guerre, le Conseil de sécurité se réunit à New York. La plupart des quinze pays membres, y compris Maurice, estimaient que le Conseil n'avait pas autorisé le recours à la force par le biais de la résolution 1441 – adoptée en novembre 2002 – ni par un autre moyen, ce qui signifiait que le recours à la force était illégal. Jagdish Koonjul, le représentant permanent de Maurice, rappela au Conseil qu'une action militaire contre l'Irak exigeait l'autorisation du Conseil et laissa entendre qu'aucune autorisation n'avait été accordée, sans toutefois le dire explicitement[2]. Le gouvernement de Maurice ne souhaitait en aucun cas discréditer les États-Unis, avec lesquels il entretenait de bonnes relations.

Six mois plus tard, en octobre 2003, le *Times* publia à Londres un article écrit par un universitaire britannique très en vue, dont le titre était : « La guerre menée par la Grande-Bretagne contre Saddam était du bon côté de la loi ». L'article affirmait que la guerre avait été déclarée sur la base de la résolution 678 du Conseil de sécurité, adoptée en 1990 et plus tard révisée pour devenir la résolution 1441.

Selon l'auteur, le fait que l'on n'avait finalement pas trouvé d'armes de destruction massive ne remettait pas en cause la légalité de l'entreprise (contrairement à l'épisode de Suez, en 1956, qui n'avait « aucun semblant de légalité[3] »). Une petite photo en noir et blanc représentait l'auteur, arborant un sourire nostalgique. C'était Christopher Greenwood, professeur à la London School of Economics, avocat, et l'un de mes anciens enseignants. Dans le sous-titre, on pouvait lire que le professeur Greenwood « conseillait le gouvernement dans le conflit en Irak ».

Les membres du barreau d'Angleterre ont tendance à ne pas écrire à propos des affaires dans lesquelles ils interviennent, du moins pas sans l'assentiment de leurs clients. L'article – et le moment où il avait été publié – offrait un soutien au gouvernement britannique dans ses efforts désespérés pour justifier ses actes au regard de la loi.

Ce fut cet article qui me poussa à explorer les circonstances exactes dans lesquelles le procureur général britannique avait informé le Conseil des ministres et le Parlement du fait que la guerre était légale et prétenduement autorisée par la résolution 1441. Il l'avait fait le 17 mars 2003, soit seulement trois jours avant le début de la guerre. La déclaration du procureur général avait immédiatement soulevé des controverses, mais elle avait suffi à persuader le Conseil des ministres et le Parlement de voter pour la guerre.

En poursuivant mes recherches, je suis tombé sur un avis secret écrit dix jours plus tôt par lord Goldsmith à l'attention du Premier Ministre Tony Blair. Daté du 7 mars, ce document n'avait pas été montré au Conseil des ministres, pas plus qu'au Parlement, et il contredisait l'opinion exprimée le 17 mars. Le « cours légal le plus sûr », écrivait lord Goldsmith dans ce document non publié, serait de s'assurer de l'adoption d'une nouvelle résolution au Conseil de sécurité autorisant le recours à la force[4]. Contrairement à ce qui était établi dans l'article publié par le *Times*, M. Blair avait été expressément prévenu par le procureur général que le Conseil de sécurité aurait peut-être refusé le recours à la force et qu'un tribunal « pourrait bien conclure » qu'une autre résolution explicite était requise.

La déconnexion entre les deux documents – l'avis secret du 7 mars et l'annonce publique du 17 mars – était troublante. Le moment venu, le Parlement enquêta sur les circonstances dans lesquelles l'annonce avait été préparée. Lord Goldsmith déclara qu'il l'avait rédigée lui-même, avec l'aide « de l'avocat général, de deux fonctionnaires de [s]on bureau, de trois fonctionnaires du bureau des Affaires étrangères et du Commonwealth, et de Christopher Greenwood (conseiller de la reine)[5] ». Combien d'avocats faut-il pour préparer un avis, pourrait-on se demander, et quel était le lien – s'il en existait un – avec les Chagos ? Je savais que la déclaration parlementaire autorisait la Grande-Bretagne à entrer en guerre, mais j'ignorais qu'elle autorisait aussi, dans les faits, à utiliser Diego Garcia : les opérations de combat comme celles qui furent menées en Irak étaient considérées comme un « emploi exceptionnel » de la base militaire, outrepassant les activités de routine et exigeant, en amont, une approbation explicite du gouvernement britannique. La déclaration du 17 mars et l'autorisation qui en découla fournissaient, semblait-il, l'approbation nécessaire[6].

De cette façon, à leur insu ou pas, lord Goldsmith et ses assistants permirent que le territoire des Chagos soit utilisé pour mener une guerre. C'est ce matériau qui me conduisit à écrire un livre, *Lawless World* (publié en 2005), à propos, entre autres, des questions de droit soulevées par la guerre en Irak. Et c'est ce livre, et en particulier les chapitres sur l'Irak, nés de ma lecture d'un article paru dans le *Times*, qui amena le gouvernement de Maurice à faire appel à moi pour plaider dans l'affaire des Chagos.

Chacun de nos actes, chacun des mots que nous écrivons est susceptible d'avoir des conséquences, aussi inattendues et non intentionnelles soient-elles.

Madame Élysé, 2006

Alors qu'elle vivait à Port Louis, madame Élysé n'avait aucun moyen de savoir que l'île qui l'avait vue naître était utilisée pour mener la guerre en Irak. Son désir de retourner sur Peros Banhos était intact et, trois ans après la guerre, les sentiments de la communauté chagossienne parvinrent jusqu'à Londres. Le gouvernement britannique décida que le temps était venu de faire quelque chose pour ceux qui avaient été déplacés de force. Il mit en place, dans cette optique, ce qui serait désigné sous le nom – pittoresque selon les uns, insultant selon d'autres – de *« heritage visits »* (« visites patrimoniales »).

Au début de l'année 2006, madame Élysé apprit qu'un pèlerinage était possible. Âgée d'une cinquantaine d'années, elle travaillait comme domestique pour une famille sino-mauritienne. Son père était mort quelques années auparavant, sans avoir cessé d'espérer revoir Peros Banhos. « Ce n'est jamais arrivé, se souvient madame Élysé, alors c'est devenu mon rêve, pour moi et pour nous tous. » Elle n'était pas seule dans ce cas. « Mes frères, même ceux qui vivaient en Angleterre. Ma sœur. Mes enfants. Tout le monde voulait y aller. » Lorsque les Britanniques proposèrent une visite, elle ne put résister à leur offre.

« On était un groupe d'une centaine de Chagossiens à faire le voyage. On a passé huit jours ensemble. C'était au mois de mars. On a voyagé avec deux religieux, un prêtre catholique, Gérard Monjeland, et un pasteur protestant. Nous avons embarqué à Port Louis juste avant Pâques, pour une traversée de huit jours jusqu'à là-bas. On avait emporté des feuillages, et on a célébré le dimanche des Rameaux à bord. Quand le bateau a ralenti, nous avons rendu hommage à ceux dont on avait perdu la trace en 1973, ceux qui avaient sauté du bateau ou étaient morts avant d'arriver à Maurice. Je crois qu'ils étaient neuf, ceux qui n'ont pas tenu jusqu'à l'arrivée. Certains se sont jetés à la mer, deux ont été enterrés sur l'île Rodrigues. »

Elle décrivit la visite avec clarté. Ses souvenirs étaient vifs et douloureux.

« On a d'abord accosté aux îles Salomon, pour une visite de quelques heures seulement. De là, on a embarqué pour Peros Banhos. C'était un mardi, le 4 avril, je crois. On ne nous a laissé que quelques heures pour visiter Peros Banhos, et puis les Britanniques nous ont dit qu'on devait repartir. Plus personne ne vivait là. On a fait la visite comme un pèlerinage, on a pris le temps d'honorer nos ancêtres. On voulait nettoyer l'endroit, alors on a demandé du matériel. On a nettoyé l'église, le cimetière, les tombes. Je me rappelle qu'on a nettoyé la tombe de mon beau-père, Olivier Élysé. »

Son neveu, Olivier Bancoult, était aussi du voyage, désireux de retrouver la tombe de son grand-père. « Les tombes du personnel français et des administrateurs portaient des noms, mais pas celles des Chagossiens. » Il espérait pouvoir revenir avec le mari de Liseby, France, expliqua-t-il. « Il pourra me montrer l'endroit où mon grand-père est enterré. »

Liseby offrit un récit très précis de ce qu'elle avait vu. « Tout était recouvert de végétation, complètement à l'abandon. C'était dur de voir notre église dans un état pareil, à moitié détruite, abandonnée. Des cocotiers avaient poussé à l'intérieur, il n'y avait plus de toit. On a nettoyé aussi bien qu'on pouvait et ensuite on a célébré une messe, à l'intérieur de l'église. »

Liseby revenait souvent sur la célébration de cette messe, sur l'impression profonde qu'elle lui avait laissée, le sentiment d'un lien très fort, d'une communauté. « Quelqu'un a filmé ça, j'ai vu le film, on nous voit en train de chanter. C'était un moment important. On chantait tous ensemble, notre chanson, elle s'appelle *Peros vert.* » Elle retrouva les paroles pour moi, en créole, le rythme était doux et joyeux, c'était une chanson d'espoir :

Peros vert, Peros vert, so pep noir,
nou pep noir, nou pep noir, noune déraciné.
Zoizo crié, li sien zapé, mone perdi mo zil.
Goodbye Peros vert, goodbye Salomon, goodbye Diego,
Ki zamais mo pu trouve zot, mo lile, mo lile.

Plus tard, j'ai trouvé une traduction, et Olivier Bancoult m'a envoyé une vidéo :

Peros vert, Peros vert, son peuple noir
Notre peuple est noir, notre peuple est noir, nous avons été déracinés.
Les oiseaux crient, les chiens aboient, j'ai perdu mon île.
Au revoir Peros vert, au revoir Salomon, au revoir Diego,
Je ne vous reverrai jamais, mon île, mon île.

« J'étais très émue pendant cette visite, me confia Liseby. Je n'aurais jamais dû quitter mon île. Je n'aurais pas dû laisser notre église tomber en ruines. Je n'aurais pas dû abandonner les tombes. Je ne pouvais pas supporter ce que je voyais. J'avais de la colère contre les Anglais, surtout quand j'ai découvert ce qui restait de la maison de mes parents. Le sol en béton, et c'est tout. On l'a retrouvée, je l'ai vue. »

Les anciens habitants eurent le droit de passer quelques heures sur Peros Banhos, puis ils furent reconduits sur le bateau, qui mit une journée entière à atteindre Diego Garcia, à 230 kilomètres de là. Le groupe visita le vieux cimetière, pour le nettoyer. « Comme celui de Peros, il était envahi par la végétation. » Plus tard, alors qu'ils retournaient vers le bateau, ils furent surpris de tomber sur un autre cimetière, un nouveau cimetière.

« On est arrivés dans un autre cimetière. Il avait été aménagé par les militaires américains. Il était très bien tenu, tout propre, surtout comparé à notre cimetière abandonné, là où nos familles étaient enterrées. Et là, on a vu que c'était le cimetière où ils avaient enterré leurs chiens. J'ai des photos. Ça m'a rendue triste. Ça m'a mise en colère. »

Les yeux de madame Élysé se figèrent ; son visage traduisait une expression marquée de rage, de ténacité aussi et d'une immense tristesse.

« Où était la justice ? demanda-t-elle. Où est la justice ? »

*

* *

La justice prenait son temps et elle errait dans les couloirs de l'ONU, tandis que les différents organes, chacun son tour, traitaient la plainte des Chagossiens.

Un groupe de travail sur les minorités exprima des inquiétudes à propos des difficultés économiques et sociales sur Maurice[7]. Ces dernières furent ignorées par la Grande-Bretagne.

Le Comité des droits de l'homme recommanda à la Grande-Bretagne de « faire en sorte que les Chagossiens soient assurés de pouvoir exercer leur droit de retour sur leur territoire[8] ». Pas de réaction de la Grande-Bretagne.

Le comité pour l'élimination de la discrimination raciale exigea que les restrictions discriminatoires qui empêchaient les Chagossiens de pénétrer sur Diego Garcia et les autres îles soient levées[9]. À nouveau, lettre morte.

Peu de temps après la visite de Madame Élysé sur Peros Banhos, l'écrivain franco-mauricien Jean-Marie Gustave Le Clézio écrivit une lettre ouverte au Président Obama. « Vous avez le pouvoir de changer le sort de ce peuple venu d'Afrique de l'Est au temps de l'esclavage […], le pouvoir d'autoriser ces gens et leurs enfants à revenir vivre sur le sol natal […], à y honorer leurs défunts. Ce ne serait pas un acte de charité, mais de justice. » Il invitait le chef du monde libre à écouter la voix de Charlesia Alexis, à prêter l'oreille à sa chanson de séga, afin d'imaginer ce que signifiait « la douleur de l'exil et l'espoir du retour »[10].

J'ignore si le Président Obama reçut cette lettre, s'il la lut. Ce que je sais, en revanche, c'est que Monsieur Le Clézio ne reçut jamais de réponse.

« Autres Vendredis »

La lettre de Le Clézio fut suivie d'une convergence d'événements. Au printemps 2010, l'interaction imprévisible de la loi ratifiant la convention de la mer, des projets de protection des fonds marins, de la « guerre contre le terrorisme » et de l'invasion de l'Irak forma un faisceau de raisons qui poussèrent le secrétaire d'État aux Affaires étrangères, David Miliband, à annoncer la création d'une vaste « aire marine protégée » (AMP) autour de l'archipel des Chagos. Ce projet d'aire marine protégée avait pour but de sauvegarder la biodiversité marine, de polir le blason écologique de la Grande-Bretagne et de jeter une lumière favorable sur les Chagos, détournant ainsi l'attention du passé récent de l'île utilisée comme site de torture au cours de la guerre en Irak.

M. Miliband annonça que l'AMP pourrait s'étendre sur un peu plus de 400 000 kilomètres carrés, où la pêche et d'autres activités seraient interdites. Cette initiative doublerait la surface mondiale des secteurs marins protégés et démontrerait que « la Grande-Bretagne prend au sérieux ses responsabilités environnementales[11] ». Naturellement,

Miliband indiqua que l'aire protégée ne comprendrait pas la base militaire de Diego Garcia. D'importants groupes de protection de l'environnement, dont le Pew Environment Group et la Société zoologique de Londres, saluèrent la proposition, comme le firent plus tard des organisations moins réputées comme le Fonds pour la protection de l'environnement des Chagos et la Fondation Bertarelli. « Une victoire historique dans la protection globale des océans », estimèrent les ONG. Elles demeurèrent toutefois d'un silence tonitruant à propos de l'impact que cela pourrait avoir sur les Chagossiens, qui furent ébranlés par la nouvelle[12].

Le gouvernement de Maurice ne l'accueillit pas avec moins de trouble. L'annonce de M. Miliband poussa le pays à contacter des avocats, et c'est ainsi que je fus invité à m'entretenir avec le Premier ministre Navin Ramgoolam. Port Louis n'avait pas été consulté, expliqua-t-il, avant de nous demander de trouver le moyen de remettre en cause la légalité de cette proposition d'AMP. Il avait dans cette affaire un intérêt personnel, dans la mesure où c'était son père qui avait négocié l'indépendance de Maurice en 1965, laquelle devint effective en 1968. M. Ramgoolam nous confia que le Premier Ministre, Gordon Brown, l'avait personnellement assuré, quelques mois auparavant, en marge d'une réunion des chefs de gouvernement du Commonwealth, qu'il n'y aurait pas de création d'une aire marine protégée.

M. Ramgoolam nous chargea d'étudier la légalité de la proposition de l'AMP et d'identifier les différentes pistes de recours juridiques. Sa demande suivait de près la disparition soudaine du professeur Brownlie, qui avait été le conseiller de Maurice pendant de nombreuses années et qui venait de trouver la mort dans un accident de voiture en Égypte. « J'ai décidé de m'adresser à vous à cause de votre livre sur l'Irak, m'expliqua-t-il. Je cherche un avocat qui ne craint pas de s'attaquer au gouvernement britannique. »

Sachant peu de choses sur les Chagos, je lus tout ce que je pouvais trouver et fus épouvanté par cet exemple d'injustice sans fin tout autant que par ma propre ignorance. J'étais plutôt bien informé du passé colonial de la Grande-Bretagne, mais je ne connaissais pas l'histoire de la dernière colonie qu'elle avait créée en Afrique. J'ai accepté la mission et, avec les avocats de Port Louis, j'ai formé une équipe expérimentée et compétente. Elle comptait, entre autres, Paul Reichler (un des architectes de l'affaire du Nicaragua), James Crawford (un spécialiste australien reconnu dans le monde entier comme l'un des meilleurs plaideurs dans le domaine du droit international) ainsi qu'Elizabeth Wilmshurst (qui avait démissionné de son poste de jurisconsulte adjointe aux Affaires étrangères britanniques au moment de la guerre en Irak). Un remarquable panel de jeunes avocats fut recruté à Londres, Washington et Boston, pour prêter main forte à Port Louis.

On nous demanda de définir les différentes options, en nous fondant sur les travaux préparatoires du professeur Brownlie. En tant que membre du Commonwealth, Maurice n'était pas en mesure de porter plainte contre la Grande-Bretagne devant la Cour de La Haye. Le tour qu'avait pris le dossier du Sud-Ouest africain offrait une autre voie : chercher à persuader l'Assemblée générale de l'ONU de solliciter un avis consultatif de la Cour concernant la décolonisation de Maurice et l'illégalité de la séparation des Chagos. La confrontation promettait d'être politiquement rude, car on pouvait compter sur l'opposition du Royaume-Uni et des États-Unis, membres permanents du Conseil de sécurité qui avaient de nombreux alliés, dont certains pays de l'Union européenne (UE).

Une autre option consistait à trouver un traité comportant une clause de règlement des différends qui serait susceptible de permettre à Maurice de porter l'affaire devant la Cour. Le traité le plus évident était la Convention internationale sur l'élimination de la discrimination raciale (CIEDR), que l'on pourrait invoquer pour plaider que la déportation de Liseby Élysé et des autres Chagossiens ainsi que le refus permanent que la Grande-Bretagne opposait à leur droit de retour – refus gravé dans le marbre par l'AMP – étaient des actes relevant de la discrimination raciale. Cette convention autorisait une partie à engager des poursuites judiciaires contre une autre à la Cour. D'ailleurs, à la même époque, James Crawford, Paul Reichler et moi-même travaillions pour la Géorgie dans une affaire qu'elle avait portée devant la Cour contre la Russie, en vertu de cette convention, alléguant une discrimination raciale contre les minorités géorgiennes des territoires de l'Abkhazie et de l'Ossétie du Sud occupés par les Russes. Nous étions en attente d'une décision de la Cour quant à sa compétence juridictionnelle.

La troisième possibilité était inédite : il s'agirait d'arguer du fait que la proposition d'AMP britannique était illégale au regard de l'UNCLOS parce qu'elle violait les droits de pêche autour des Chagos et parce que la Grande-Bretagne n'était pas un « État côtier » au sens de la convention, si bien qu'elle n'avait aucun droit de déclarer une aire marine protégée. Afin d'y parvenir, il nous faudrait persuader une cour ou un tribunal qu'elle ou il avait compétence pour statuer quant à la légalité de la séparation des Chagos. Le droit de la mer englobait-il la décolonisation et l'intégrité territoriale ? Un tribunal du droit de la mer pouvait-il se prononcer sur la résolution 1514 ou sur une question de souveraineté du sol ? Aucune cour internationale n'avait jamais fait ce genre de choses.

Tandis que Port Louis planchait sur les options, WikiLeaks révéla une vaste portion de documents confidentiels du gouvernement américain, des millions de pages d'articles « top secret » furent répandues sur Internet, dont certaines étaient liées aux Chagos. Il y avait en particulier un câble envoyé par l'ambassade américaine de Londres au département d'État à Washington, concernant l'aire marine protégée[13]. Le document résumait l'opinion de M. Colin Roberts, directeur des territoires d'outre-mer au ministère des Affaires étrangères à Londres. Vantant les mérites du plan du M. Miliband pour une AMP, prenant modèle sur les sanctuaires américains à Hawaï et aux îles Mariannes, M. Roberts affirmait que cela contribuerait à créer « la plus grande réserve marine du monde » et y interdirait toute activité humaine, sauf sur et autour de la base militaire de Diego Garcia.

Cette proposition ne créerait aucune difficulté auprès des populations locales, expliquait M. Roberts, pour la simple et bonne raison… qu'il n'y avait aucun habitant ! « Nous ne regrettons pas d'avoir déplacé ces populations », disait-il – comme en atteste le câble – à ses homologues américains, car ainsi il n'y aurait aucune chance de découvrir des « empreintes de pieds humains », ou « autres Vendredis » sur les « îles inhabitées » du BIOT. Le terme « Vendredis » évoquait un élément de langage des années 1960, à l'époque où la Grande-Bretagne avait volontairement induit en erreur l'ONU, mais cela allait plus loin encore. Le sanctuaire marin offrait un avantage supplémentaire, aurait déclaré M. Roberts aux Américains : il aurait raison des « réclamations des anciens résidents de l'archipel concernant leur réinstallation »[14].

Le document suggérait clairement que la protection de l'environnement était utilisée à dessein pour éteindre à jamais la possibilité de retour des Chagossiens. Le lobby environnemental était « beaucoup plus puissant que les défenseurs des Chagossiens[15] », expliquait M. Roberts, et il était très actif.

Les yachts de millionnaires pourraient donc visiter Peros Banhos, mais pas les Chagossiens. Les scientifiques travaillant pour la Société zoologique de Londres et le Fonds pour la protection de l'environnement des Chagos auraient la possibilité de se rendre dans l'église où madame Élysé avait été baptisée, mais pas elle.

C'est le genre de document qui donne froid dans le dos. Il poussa les Chagossiens à introduire une nouvelle requête devant la Haute Cour de Londres : *Bancoult n° 4*. L'affaire remettait en cause la légalité de la proposition d'AMP dans le cadre du droit anglais, au motif que son objectif était d'empêcher le retour des Chagossiens. L'affaire, comme bien d'autres, serait rejetée en appel à la Cour suprême de Londres, mais la tentative ne fut pas entièrement vaine : le contentieux mit au jour une ribambelle de documents secrets conservés par le gouvernement britannique, que M. Bancoult et ses avocats communiquèrent à Maurice contre l'avis du gouvernement britannique qui exigeait qu'on les leur rende[16]. Non, répondirent les Mauriciens, les documents faisaient à présent partie du domaine public, ayant été cités lors d'une audience publique. Un ministre britannique grommela qu'il était « extrêmement mécontent[17] ». Il n'avait pas tort d'être contrarié : ces documents jetaient une lumière crue sur les actions et la malhonnêteté de la Grande-Bretagne de 1963 à 1973, et sur tout ce qui s'était passé en coulisses.

À cette époque, le gouvernement britannique réexamina la faisabilité d'un retour et d'une vie sur les Chagos. Il organisa une consultation publique au cours de laquelle 98 % des Chagossiens exprimèrent leurs vœux de retour. Le cabinet d'expertise comptable KPMG étudia les alternatives et conclut qu'un retour était économiquement viable

– la pêche artisanale, de petites exploitations de coco et le développement de l'écotourisme pourraient créer des emplois – sans avoir d'effets néfastes sur l'environnement[18]. Pourtant, le gouvernement britannique rejeta l'hypothèse de la réinstallation en prétextant des raisons de faible autonomie économique, les intérêts de défense et de sécurité, « sans oublier le coût ». En compensation, il annonça le déblocage de 40 millions de livres en soutien aux familles chagossiennes à l'étranger, et davantage de *heritage visits*[19].

Les Chagossiens attaquèrent cette décision devant les tribunaux anglais. Alors que j'écris ces mots, en juin 2022, l'affaire *Bancoult n° 5* est en attente d'une décision de la Cour suprême en appel[20]. Quatre ans après que le dispositif de compensation avait été annoncé, moins d'un demi-million de livres ont été déboursées. « Il n'y a aucun mécanisme en place aujourd'hui pour appliquer le plan[21] », a expliqué le haut-commissariat britannique aux Chagossiens de Maurice.

*

* *

Tandis que Londres tergiversait, Maurice envisagea une approche du contentieux selon deux voies parallèles : l'une sous l'angle du droit de la mer et l'autre pour discrimination à La Haye. Si les deux dossiers connaissaient une conclusion positive, d'autres options pourraient suivre, y compris celle qui consistait à emprunter la voie de l'avis consultatif, malgré le fait que, dans le contexte politique de cette époque, les perspectives de cette dernière semblaient peu encourageantes.

Quarante-cinq ans après le démantèlement de Maurice, par une journée froide et enneigée de décembre 2010, le gouvernement mauricien notifia au ministère des Affaires étrangères à Londres qu'il avait introduit une instance contre le Royaume-Uni devant un tribunal arbitral en vertu de la convention des Nations Unies sur le droit de la mer. Maurice affirmait que l'aire marine protégée telle que proposée par M. Miliband était illégale, que c'était en réalité une ruse pour empêcher les Chagossiens de retourner sur leurs îles déguisée en mesure de protection de l'environnement. Un unique document était cité en référence: le câble diplomatique dans lequel il était fait allusion aux « Vendredis ».

Quant à l'argument invoquant la Convention pour l'élimination de la discrimination, Port Louis décida d'attendre, avant de le présenter, de savoir si La Haye se considérait comme ayant compétence dans l'affaire de la Géorgie contre la Russie. Ce jugement fut rendu le 1er avril 2011. L'avocat général de Maurice assistait à la lecture dans la grande salle de Justice avec, à la main, une mallette qui contenait un mémoire destiné à engager une procédure pour discrimination contre la Grande-Bretagne.

Quelque temps plus tôt, la Cour avait jugé, sur une base préliminaire, qu'elle avait compétence pour ordonner des mesures conservatoires dans l'affaire de la Géorgie contre la Russie[22]. Ce jugement, prononcé en 2008, avait emporté l'adhésion d'une courte majorité de huit juges sur les quinze. En deux ans, la composition de la Cour avait changé, et son orientation également: une faible majorité était en faveur de la décision opposée – selon elle, la Cour n'avait pas compétence. Il s'agissait là d'une décision légaliste, technique: la majorité estimait que la Géorgie n'avait pas clairement fait part à la Russie de son grief sur la base de la Convention pour l'élimination de la discrimination[23]. Ce défaut, de pure forme, donna une excuse à la Cour pour mettre un terme à la procédure, envoyant à la Russie un signal qui, des années plus tard, a pu peser dans sa décision d'envahir l'Ukraine.

Ce jugement confirmait l'importance cruciale de la composition de la Cour, comme de n'importe quel organe judiciaire. La loi ne s'applique pas de façon mécanique, ce qui signifie que le changement de seulement un ou deux juges peut totalement modifier l'issue d'une affaire. En février 2010, la juge britannique Rosalyn Higgins, qui avait voté en faveur de la compétence lors de la première étape, partit à la retraite et fut remplacée par Christopher Greenwood, un homme qui, de l'avis général, était moins ouvert aux questions de droits de l'homme que sa prédécesseure. Le juge Greenwood rallia la majorité en décidant que la Géorgie n'était pas parvenue à persuader la Cour qu'elle avait compétence dans l'affaire[24]. Deux autres juges – l'un venu du Mexique, l'autre de Nouvelle-Zélande – adoptèrent une perspective différente de celle qui avait été suivie lors de la première phase. Les juges dissidents se plaignirent du fait que l'approche de la majorité était « irréaliste et formaliste[25] ».

Cette décision demeure le jugement le plus décevant de toutes les affaires auxquelles j'ai participé devant la Cour. L'équipe mauricienne à La Haye conclut sans peine que la Cour, telle qu'elle était à présent composée, n'était pas un lieu susceptible de recevoir impartialement une plainte contre la Grande-Bretagne, ni l'endroit approprié pour plaider que la déportation des Chagossiens était un exemple de discrimination et, de ce fait, illégale au regard du droit international. L'avocat général de Maurice rentra à Port Louis avec, dans sa mallette, le mémoire. La requête sur la base du CIEDR ne fut jamais soumise.

Istanboul

Cela laissait l'option adossée au droit de la mer. Quelques semaines après l'introduction de la requête, l'ambassadeur de Maurice à l'ONU, M. Meetarbhan, et moi-même rendîmes visite au jurisconsulte du département d'État des États-Unis et consultâmes plusieurs de ses avocats. La réunion fut présentée comme une visite de courtoisie visant à expliquer l'affaire et à affirmer que Maurice ne cherchait en aucune manière à remettre en cause la base militaire américaine à Diego Garcia. Son but était d'établir que les Chagos faisaient partie intégrante de Maurice et que les Chagossiens avaient, par conséquent, le droit de retourner chez eux. Les échanges furent cordiaux : les avocats américains, sceptiques, nous écoutèrent poliment, puis nous expliquèrent qu'une procédure contre la Grande-Bretagne invoquant une violation de la convention de l'ONU sur le droit de la mer était vouée à l'échec.

Un arbitrage est un processus différent de celui qu'engage une affaire portée devant une cour internationale comme la Cour de La Haye ou le Tribunal de Hambourg. Dans le cas des arbitrages, chaque tribunal est mis en place pour débattre spécifiquement d'un cas unique : chaque partie fait appel aux services d'un arbitre, puis les deux parties se mettent d'accord sur trois arbitres supplémentaires. Maurice nomma le juge allemand du Tribunal de Hambourg, Rüdiger Wolfrum ; la Grande-Bretagne, de son côté, désigna Christopher Greenwood, son juge à la Cour internationale de justice. Les deux pays s'accordèrent ensuite sur deux arbitres, l'un venu d'Afrique du Sud et l'autre de Tanzanie, ainsi que sur un troisième, venu d'Australie, qui endosserait la présidence. Ce fut, comme trop souvent et malgré nos efforts, une affaire « entre hommes ». Le choix britannique imposa un retard, car il apparut, peu de temps après qu'il avait été nommé, que le juge Greenwood participait au processus de sélection lancé par le ministère des Affaires étrangères pour le choix de son nouveau jurisconsulte. Dans la mesure où le conseiller juridique serait amené à jouer un rôle dans l'arbitrage du différend, le Premier ministre Ramgoolam – membre du barreau d'Angleterre – exprima des inquiétudes concernant la désignation de l'arbitre anglais. « Comment le juge Greenwood peut-il siéger alors qu'il a joué un rôle dans la désignation d'un avocat engagé dans cette affaire ? » demanda-t-il. C'était une question sensée. Le rôle qu'avait tenu le professeur Greenwood quelques années plus tôt comme conseil auprès du gouvernement à propos de la guerre en Irak (on l'avait découvert dans l'article du *Times*) était aussi un souci, dans la mesure où l'on savait aujourd'hui que la guerre avait été déclenchée depuis Diego Garcia. Nous décidâmes, quoi qu'il en fût, d'éviter cette question, car cela exigerait du tribunal qu'il examine des points sur lesquels il aurait préféré ne pas se pencher.

Le Premier ministre Ramgoolam nous invita à demander la récusation du juge Greenwood. C'était délicat, car James Crawford et moi avions l'habitude de travailler étroitement avec Greenwood – nous l'appréciions beaucoup et avions de bonnes relations avec lui. Nous espérions qu'il se retirerait de lui-même, mais il ne le fit pas. L'arbitrage fut suspendu dans l'attente de l'avis rendu sur la récusation en bonne et due forme. Chaque partie présenta une déclaration, avec l'aide et l'avis d'experts, et une journée de débats oraux se déroula au palais de la Paix à La Haye. Sir Sydney Kentridge, qui dirigeait l'équipe mauricienne, était un avocat distingué qui avait représenté Nelson Mandela dans le « procès de la trahison », cinquante ans plus tôt, et avait plaidé devant des cours anglaises dans plusieurs des affaires Bancoult pour les Chagos. L'impartialité se vérifie par un examen fort simple, déclara Kentridge : les circonstances suscitent-elles une « suspicion raisonnable de partialité » chez un observateur raisonnable ? Il se référa alors à une déclaration de Thomas Mensah, l'ancien président du Tribunal de Hambourg, qui considérait que Greenwood ne devait pas siéger[26]. La Grande-Bretagne objecta que, si cet examen pouvait effectivement être utilisé dans des affaires domestiques, il en allait autrement au niveau international où les critères étaient beaucoup moins sévères. Elle s'en remit aux opinions des juges Higgins et Guillaume, deux anciens présidents de la CIJ, soutenant tous deux qu'ils ne voyaient aucune objection à ce que Greenwood siège[27].

« Pourquoi ce tribunal devrait-il se contenter de critères moindres quant à l'impartialité ? » demanda Kentridge. Le rôle de Greenwood dans la désignation du jurisconsulte du ministère des Affaires étrangères indiquait clairement qu'il entreprenait une « relation de confiance » durable avec le gouvernement britannique. « Nous ne désirons en aucun cas jeter le discrédit sur l'intégrité du juge Greenwood », expliqua Kentridge, tout en espérant que le Royaume-Uni reconsidèrerait cette candidature et « permettrait au juge de se retirer dignement »[28]. Le Royaume-Uni ne revint pas sur sa décision, et le juge Greenwood ne se récusa pas. Les quatre arbitres s'accordèrent en faveur de l'argument britannique, après avoir délibéré plusieurs mois durant, pour conclure que l'examen concernant l'apparence de partialité ne s'appliquait pas dans un arbitrage en vertu de la convention sur le droit de la mer. Ils préférèrent s'en tenir aux critères en cours à la Cour internationale – toutefois, pas à celui en vertu duquel le juge Khan n'avait pu siéger dans les affaires du Sud-Ouest africain – et conclurent qu'il n'y avait pas de « motif valable » pour mettre en doute l'indépendance et l'impartialité du juge Greenwood : son rôle dans le processus de désignation du jurisconsulte était « bref » et ne constituait pas un lien l'unissant au gouvernement britannique[29].

C'est ainsi que l'affaire, à peine entamée, fut immédiatement soumise à un autre retard : comme prévu, la Grande-Bretagne argua que le tribunal d'arbitrage n'avait pas compétence, en partie parce que le droit de la mer ne l'autorisait pas à exprimer des vues sur l'autodétermination ni sur la résolution 1514, pas plus que sur le fait de savoir si les Chagos étaient une colonie britannique ou une partie intégrante de Maurice. Tandis que les mémoires écrits s'échangeaient, les parties ne parvenaient pas à s'accorder sur le lieu où devrait se tenir l'audience. Pas en Europe, disait Maurice, qui considérait cette dernière comme le cœur battant du colonialisme. Pas à Buenos Aires ni à Johannesbourg, répondait la Grande-Bretagne à nos suggestions. Nous tombâmes d'accord sur Dubaï, où les plaidoiries furent entendues au début de l'année 2013, par une journée d'une chaleur accablante. Le tribunal ne mit que quatre jours à établir que les objections de la Grande-Bretagne étaient si étroitement entremêlées au mérite de l'affaire qu'on ne pouvait les examiner ni séparément ni en amont. En effet, la question de la compétence du tribunal était intrinsèquement liée au fond. Une fois cet obstacle surmonté, l'affaire se déroula en deux temps, l'un consacré aux échanges de longs exposés écrits, le second à une audience tenue à Istanboul dans une salle construite au sous-sol du célèbre Hôtel Pera Palace, lieu de villégiature préféré de Kemal Atatürk, fondateur de la Turquie moderne, et de l'auteure de romans policiers Agatha Christie, dont on prétend qu'elle y aurait écrit *Le Crime de l'Orient-Express*.

L'audience eut lieu au printemps 2014, les arguments et les contre-arguments étaient interrompus par des pauses-thé, la dégustation de loukoums et des promenades à pied dans Istanboul. Les deux parties occupaient deux étages différents de l'hôtel, de même que les cinq arbitres, ce qui fit de cette audience un événement incomparable. Des questions de droit maritime, de préservation de l'environnement, de colonialisme et de droits des Chagossiens furent discutées avec vue sur le Bosphore.

Ce furent des moments mémorables.

Conversations hurlées dans la salle du petit déjeuner afin d'éviter toute suspicion de communication secrète inappropriée entre avocats et arbitres.

Rencontres aussi matinales qu'impromptues dans la salle de sport, face au panorama spectaculaire de la Corne d'Or, tandis qu'avocats et arbitres pédalaient furieusement sur des machines voisines.

Savoir-faire du menuisier de l'hôtel, qui avait dessiné et réalisé un banc en bois chantourné dont les dimensions n'étaient pas tout à fait suffisantes, ce qui faisait que les documents tenaient à peine en équilibre dessus.

Arguments formulés avec passion. « Nous n'avons pas de doute quant à votre souveraineté », déclara le procureur général Dominic Grieve, proposant à Maurice d'ouvrir une discussion sur « les détails pratiques de la mise en œuvre »[30] de l'aire marine protégée. Aucun tribunal du droit de la mer ne pouvait exprimer d'opinion quant à la souveraineté sur une terre, sur l'appartenance des Chagos, pas plus que sur le « Territoire britannique de l'océan Indien », affirma-t-il. En ce qui concernait les récifs de corail des Chagos, ils sont magnifiques et parfaitement conservés. « En tant que plongeur », comme il s'en gargarisa, il avait, quelques jours seulement auparavant, goûté les beautés des eaux environnant les Maldives, à quelques centaines de kilomètres au nord de Peros Banhos[31].

Il y eut des moments comiques. Alors que l'un des arbitres venait de lui poser une question délicate, une avocate britannique reçut de la main d'un collègue un morceau de papier sur lequel tout un chacun put lire en transparence trois mots gribouillés à la hâte : *NE RÉPONDEZ PAS*. Elle ignora son conseil, ou peut-être ne le vit-elle pas[32].

Il y eut une révélation, lorsque nous apprîmes que la principale source de pollution autour des Chagos était un unique navire loué au gouvernement britannique par une compagnie du nom de MRAG, à qui on avait confié la tâche herculéenne de faire régner l'ordre sur un territoire marin protégé qui s'étendait sur près d'un demi-million de kilomètres carrés[33].

Il y eut aussi des arguments juridiques d'un genre et d'une qualité propres à me rendre heureux d'être un avocat international. Pour beaucoup d'entre nous, présents à cette audience, le clou des débats se situa lors d'un échange entre deux des arbitres et un avocat de Maurice sur la question centrale de l'affaire, celle dont l'avenir de madame Élysé dépend : la résolution 1514 et le principe de l'intégrité territoriale étaient-ils contraignants au regard du droit international et, le cas échéant, à quel moment précis devenaient-ils contraignants ? Le juge Greenwood se concentra, avec une précision chirurgicale, sur un point précis : la résolution 1514 exigeant le respect de l'intégrité territoriale était-elle déjà en vigueur dans le droit international en novembre 1965, à l'époque où les Chagos avaient été séparées, ou en mars 1968, quand Maurice avait obtenu son indépendance[34] ?

Le professeur Crawford répondit. La « règle de l'intégrité territoriale » faisait déjà partie de l'attirail législatif mis en place par la loi sur l'autodétermination en 1960, expliqua-t-il ; dans la mesure où la résolution 1514 ne faisait que formuler une règle déjà existante, elle n'en créait pas de nouvelle. La loi se reflétait dans ce que les États faisaient, ajouta Crawford, et ce qu'ils faisaient comprenait le fait de voter des résolutions à l'Assemblée générale. Il proposa une analogie. « L'appétit vient en mangeant, si vous me permettez de citer un dicton italien. » Comme on pouvait le lire sur le visage des arbitres, il était clair que personne au sous-sol de l'Hôtel Pera Palace ne comprenait ce qu'il entendait par là ; il expliqua donc : le principe de l'intégrité territoriale était applicable en 1965, lorsque les Britanniques avaient agi, et il continuait de s'appliquer après, en 1968 et au-delà.

En d'autres termes, la règle existait bel et bien au moment où les Chagos avaient été séparées et où Maurice avait obtenu son indépendance – et cette règle avait été enfreinte. De plus, comme en attestaient les documents portés à la connaissance du tribunal, la Grande-Bretagne savait pertinemment en 1965 que sa conduite était illégale. Plutôt que d'agir conformément à la règle, la Grande-Bretagne avait fait en sorte de la contourner et avait trompé l'ONU en prétendant que les îles ne comptaient pas de population permanente.

« Qu'en est-il alors des déplacements de populations qui ont eu lieu sur l'île à cette époque ? » demanda le juge Wolfrum. La question touchait à la situation de madame Élysé, qui n'était pas avec nous au sous-sol de l'Hôtel Pera Palace. L'expulsion de la population fut envisagée en 1965 et constituait « un des aspects de l'illégalité », répondit le professeur Crawford. Il était illégal, dans le cadre de ce projet, de séparer l'archipel et d'en éliminer la population.

Les audiences se poursuivirent pendant deux semaines, telles des prémices modernes d'un *Jarndyce contre Jarndyce* tronqué, ce procès qui se perpétue sur plusieurs générations dans *Bleak House* de Charles Dickens. Arguments, contre-arguments, réunions, brouillons rédigés jusque tard dans la nuit, promenades, verres au bar, dîners, au revoir. À la fin, tous les participants regagnèrent leur foyer aux quatre coins du globe.

*

* *

Au bout de onze mois, la Cour permanente d'arbitrage de La Haye nous fit savoir que la sentence arbitrale serait rendue en mars 2015. Un pas en avant, un pas de côté. À l'unanimité, les cinq arbitres jugèrent que l'aire marine protégée avait été établie illégalement, que la Grande-Bretagne avait manqué à ses obligations envers Maurice au regard du droit de la mer, pour ce qui concernait la pêche, les ressources marines et les minerais contenus dans le sous-sol marin. La Grande-Bretagne avait négligé de respecter les droits de Maurice ou de mettre en place des concertations en bonne et due forme avec l'État insulaire. L'affaire n'était pas si désespérée que ce que le jurisconsulte du département d'État américain nous avait laissé entendre ; il n'était cependant pas complètement dans le faux, car le tribunal refusa de prononcer une décision quant à savoir lequel des deux pays était « l'État côtier ».

Trois arbitres conclurent que le tribunal n'avait pas compétence à exprimer un avis sur la souveraineté territoriale de l'archipel des Chagos. En conséquence, ils refusèrent de désigner l'État côtier, que ce soit en vertu de la résolution 1514 ou sur la base des échanges entre le juge Greenwood et le professeur Crawford. Ils passèrent sous silence l'avenir de madame Élysé et des autres Chagossiens, ainsi que l'héritage du colonialisme. Telle était l'opinion majoritaire, exprimée par les arbitres Shearer, Greenwood et Hoffmann.

Deux arbitres, toutefois, arrivèrent à une conclusion différente. Les juges Kateka et Wolfrum émirent l'opinion selon laquelle le tribunal était en mesure de décider lequel des deux pays faisait office d'État côtier pour les Chagos, et, de leur point de vue, c'était Maurice, pas la Grande-Bretagne. Ces deux arbitres exprimèrent une opinion dissidente sur le fond, ouvrant la voie – peut-être comme l'avait fait le juge Jessup dans l'affaire du Sud-Ouest africain cinquante ans plus tôt – à une compréhension différente de la situation à l'avenir.

Voici ce qu'ils conclurent :

En 1965, les Chagos faisaient partie intégrante du territoire de la colonie de Maurice.

Le résolution 1514 reflétait la loi internationale au moment où les Chagos avaient été séparées et elle contraignait à maintenir l'intégrité territoriale.

Maurice n'avait pas consenti à la séparation.

Harold Wilson avait recouru au langage de l'intimidation – « les effrayer à coups d'espoir » – et avait menacé le Premier ministre Ramgoolam qui avait été soumis à des « pressions ».

La séparation des Chagos, alors que cet archipel était partie intégrante de Maurice, violait les lois internationales et était, par conséquent, sans effet juridique. Elle violait les lois de la décolonisation, telles que reflétées dans la résolution 1514, ainsi que le droit à l'autodétermination.

De plus, il existait des « similarités troublantes » entre l'établissement d'un Territoire britannique de l'océan Indien et la proclamation de l'AMP en 2010. Dans les deux cas, la Grande-Bretagne avait bafoué les droits de Maurice : « Le Royaume-Uni a bel et bien violé les critères de la bonne foi[35]. »

*

* *

Le résultat de tout cela fut à la fois positif et décevant. Positif, parce que le tribunal avait déclaré l'AMP illégale ; décevant, parce que la majorité ne s'était pas exprimée sur la souveraineté. Quoi qu'il en soit, comme j'ai fini par le comprendre, dans le droit comme dans la vie, rien n'est jamais seulement ce qu'il paraît : les conséquences d'un jugement dans le monde réel, y compris par la propagation d'une opinion dissidente respectable, prennent parfois du temps pour accomplir leur magie. Pour la première fois, deux juges internationaux s'étaient exprimés en faveur de la demande portée par Maurice, aucun des autres juges ne l'avait rejetée. Dans le même temps, la majorité avait gardé un silence discret sur le fond de l'argument britannique.

En ce sens, on peut dire que les juges Kateka et Wolfrum ouvrirent une autre porte, comme avant eux, en 1966, les juges dissidents dans l'affaire de la Namibie. J'ai appris, avec le temps, à ne pas réagir sur l'instant à un verdict, à laisser décanter et à attendre les perspectives qui sont susceptibles de se profiler à partir de là. Peut-être que le moment était venu pour les Chagos.

New York

Après que le tribunal avait déclaré illégale l'aire marine protégée des Chagos, je retournai à Port Louis pour discuter des implications de cette décision en regard des questions restées en suspens. Un nouveau gouvernement était à présent à la tête de l'État, dirigé par sir Anerood Jugnauth, qui avait participé à la conférence de Lancaster House en 1965, et qui en était à son troisième mandat en tant que Premier ministre.

« Quelles sont les options juridiques ? » demanda-t-il. Homme doué d'une autorité naturelle, ayant reçu force décorations de la part des Britanniques, sir Anerood était un défenseur passionné des Chagos et des droits des anciens habitants de l'archipel. « La lutte continue », déclara-t-il, impressionné par la clarté de l'opinion dissidente commune aux juges Kateka et Wolfrum. « Y aurait-il un moyen d'aller jusqu'à La Haye ? »

La décision prise par la Cour, quelques années plus tôt, de refuser d'exercer sa compétence dans l'affaire de la Géorgie contre la Russie nous avait rendus sceptiques à l'égard de La Haye. Cependant, la Cour venait de rendre un jugement sur un autre dossier, dans lequel James Crawford et moi étions engagés, ce qui apaisait quelque peu nos inquiétudes. L'affaire avait été portée devant la Cour par l'Australie dans le but de mettre en cause le programme de chasse scientifique à la baleine mené par le Japon. Depuis des années, la pêche commerciale à la baleine avait été interdite par le biais d'un traité international, mais une exception autorisait la chasse « dans un but de recherche scientifique ». Le Japon en avait profité pendant de nombreuses années et envisageait à présent de mettre en place un programme destiné à capturer dans l'Antarctique plusieurs centaines de rorquals communs, rorquals à museau pointu et baleines à bosse. L'Australie considérait que le prétendu « programme scientifique » était une façade pour un programme destiné à un autre genre de pêche. Et c'est cette instance qu'elle introduisit à La Haye.

Au cœur de l'affaire se trouvaient deux questions : Qu'est-ce que la science ? Le programme japonais constitue-t-il un volet de la recherche scientifique ? Ces interrogations exigeaient de la Cour qu'elle se plonge dans des problématiques qu'elle avait jusque-là évitées : les faits et la science. En 1977, en effet, dans le cadre de l'affaire *Gabčikovo-Nagymaros*, entre la Hongrie et la Slovaquie, la Cour avait contourné les arguments des parties portant sur les effets que deux barrages sur le Danube risquaient d'avoir sur l'environnement, notamment sur la qualité de l'eau et la biodiversité[36]. En 2010, dans le cadre de l'affaire des usines de pâte à papier, l'Argentine avait porté plainte contre l'Uruguay au motif que ce dernier aurait pollué la rivière Uruguay par l'exploitation de deux usines à papier. De nouveau, la Cour s'était abstenue d'examiner les données de la science dure pour se réfugier derrière des défauts de procédure relatifs au financement par la société financière internationale de la Banque mondiale[37].

En tant qu'avocat dans ces deux affaires, j'avais pu observer comment les juges s'y prenaient pour éluder les arguments techniques complexes. Cela me rendait quelque peu sceptique quant à la capacité qu'auraient ces mêmes juges à remonter leurs manches pour plonger les mains dans la question épineuse de la pêche à la baleine. J'avais tort. J'eus le loisir d'assister, lors de ces audiences, à un processus minutieux de questionnement conduit par des juges bien préparés à l'exercice et à un contre-interrogatoire mené avec finesse par le procureur général de l'Australie, qui mit de côté les mondanités diplomatiques et réduisit en miettes les expertises fournies par le témoin scientifique principal du Japon, un charmant médecin norvégien qui ne semblait pas mesurer l'ampleur du désastre qui s'était abattu sur son argument. L'effet produit dans la grande salle fut extraordinaire : en moins de trente minutes, les personnes présentes observèrent l'écroulement du dossier japonais sur la pêche à but scientifique et virent la Cour ramasser les morceaux avant de rendre un jugement résolument défavorable au Japon, réglant ainsi un différend sur la base de preuves complexes[38].

Ce jugement suggérait que la Cour était entrée dans une nouvelle phase. Peut-être serait-elle prête à s'occuper des Chagos, en examinant les questions historiques et factuelles que l'affaire soulevait, autant que les intérêts politiques en jeu. Si nous parvenions à trouver le moyen de porter les Chagos devant la Cour, ce qui à l'époque semblait encore difficile à imaginer, les juges pourraient se forger une opinion sur les événements survenus dans les années 1960 et, ce qui importait fort, décider si oui ou non les dirigeants d'une Maurice sur le point de devenir indépendante avaient consenti au démembrement de leur territoire. Peut-être que les opinions dissidentes conjointes de Kateka et Wolfrum pourraient générer une nouvelle opinion majoritaire, exactement comme l'avait fait celle de Jessup en 1966, devenue majoritaire seulement cinq ans après.

*

* *

Le Premier ministre Jugnauth ne nous laissa aucune marge de manœuvre : « Je vous demande de trouver le moyen d'accéder à La Haye », nous dit-il. Il n'y en avait qu'un, envisagé puis rejeté cinq ans plus tôt parce que les obstacles politiques paraissaient insurmontables : persuader l'Assemblée générale de solliciter un avis consultatif de la Cour sur les Chagos. Nous énumérâmes les difficultés.

Il nous faudrait formuler des questions juridiques tombant sous la compétence de l'Assemblée générale.

Nous devrions inscrire les Chagos à l'ordre du jour de l'Assemblée générale, ce qui n'avait pas été fait depuis 1968.

Il nous faudrait convaincre une majorité des membres de l'ONU que cette affaire n'était pas un différend bilatéral entre le Royaume-Uni et Maurice – un sujet sur lequel l'Assemblée générale n'avait aucune autorité – mais un dossier d'intérêts multilatéraux centré sur la décolonisation, dans laquelle l'Assemblée jouait un rôle crucial.

Nous devrions persuader une majorité des membres de l'ONU de voter en faveur de l'envoi de nos questions à La Haye, malgré les objections britanniques et américaines qui ne manqueraient pas de pleuvoir.

Dans le cas où chacun de ces obstacles serait surmonté, il nous faudrait encore persuader une majorité des juges que la Cour avait compétence et qu'elle devrait l'exercer pour livrer une opinion.

Pour finir, il nous faudrait convaincre une majorité des juges que la résolution 1514, avec son engagement sur l'autodétermination et l'intégrité territoriale, reflétait une règle du droit international déjà en vigueur en novembre 1965, que les Chagos faisaient partie intégrante de la colonie de Maurice et que leur séparation était contraire au droit international dans la mesure où Maurice n'avait pas accordé son consentement.

« On a du pain sur la planche », remarqua un des ministres avec un sourire.

– Je ne vous le fais pas dire, répondit le Premier ministre Jugnauth. Mais la situation a changé – aujourd'hui nous bénéficions d'un soutien : l'opinion de deux juges internationaux respectés quant au fait que l'amputation des Chagos et le démembrement de Maurice furent accomplis dans l'illégalité. »

L'opinion dissidente des juges Kateka et Wolfrum était au centre de son processus de pensée.

Le Premier ministre nous demanda d'élaborer une série de questions à soumettre à la Cour. Il désigna un diplomate de carrière doué d'une longue expérience pour retourner à l'ONU : Jagdish Koonjul était déjà présent en 2002, lorsque Maurice avait fait partie du Conseil de sécurité au moment de la phase préparatoire de la guerre en Irak. Hautement considéré et bien placé pour se frayer un chemin à travers les règles et les procédures aussi hermétiques que complexes de l'ONU, il était intelligent, énergique, portait les cheveux longs et des bagues à plusieurs doigts.

Nous passâmes une partie du printemps 2016 à suivre les instructions du Premier ministre.

À Washington DC, James Crawford, Paul Reichler et moi-même nous retrouvions dans un café proche de la Maison-Blanche pour écumer les différents projets de questions à soumettre à la Cour. La première ébauche – rédigée sur une série de serviettes en papier Starbucks – visait à imaginer des questions ni trop générales ni trop politiques ou qui permettraient à la Cour de s'en tirer en évitant de donner des réponses signifiantes, comme cela avait été le cas récemment lors de la demande d'avis consultatif sur l'armement nucléaire ou sur l'indépendance du Kosovo.

La clé d'une bonne question, nous le savions, était la simplicité: il fallait aussi qu'elle soit étroitement circonscrite, sans ambiguïté, et que l'on puisse y répondre par oui ou par non.

L'ambassadeur Koonjul détermina les différentes options permettant d'inscrire les Chagos à l'ordre du jour de l'Assemblée générale. La voie la plus facile, conclut-il, consistait à passer par le «Comité général», un organe constitué de vingt-six délégués qui représentaient grosso modo la totalité des pays membres de l'ONU. Ayant capacité d'inscrire un élément à l'ordre du jour de l'Assemblée pour discussion et vote, le Comité général opérait généralement par consensus.

En septembre 2016, l'ambassadeur Koonjul parvint à inscrire les Chagos à l'ordre du jour du Comité – pour la première fois en cinquante ans. Il fut aidé dans sa démarche par un événement dramatique survenu quelques semaines plus tôt: la Grande-Bretagne, par referendum, avait décidé de quitter l'Union européenne.

Le résultat de ce referendum eut des répercussions immédiates: tandis que les ministres du gouvernement britannique rivalisaient d'envolées lyriques pour évoquer un nouvel «Empire 2.0» et des alliances avec les pays du Commonwealth, la dure réalité fut que Londres s'aperçut soudain qu'elle ne pouvait plus compter sur le soutien inconditionnel des membres de l'UE et de leurs réseaux au sein de l'ONU. Au-delà de l'UE aussi, l'autorité de la Grande-Bretagne connaissait un effondrement majeur.

Alors que la réunion du Comité général approchait, l'ambassadeur Koonjul sentit que Maurice avait des chances d'obtenir le soutien de treize des vingt-six membres, soit un score à un point de la majorité. La Grande-Bretagne n'était pas certaine de pouvoir compter sur le soutien de tous les autres membres, dont certains risquaient de s'abstenir ou de ne pas se présenter lors des débats. Trois possibilités se présentaient : Maurice pouvait exiger un vote, chose inhabituelle au sein d'un comité qui avait pour habitude de procéder par consensus ; on pouvait aussi repousser la délibération d'un mois, dans l'espoir qu'une majorité se dégagerait ; ou encore, on pouvait accepter l'offre du président de l'Assemblée générale, sur proposition de la Grande-Bretagne, d'ajourner notre demande pour une durée d'un an contre la garantie que les Chagos seraient inscrites à l'ordre du jour de l'Assemblée générale en mai 2017.

Chacune de ces options comportait des risques.

Un vote immédiat pourrait se clore sur un échec, et il serait alors difficile d'inscrire de nouveau les Chagos à l'ordre du jour du Comité.

Un mois de délai risquait de permettre à la Grande-Bretagne de faire pression et de gagner des soutiens nouveaux.

Un ajournement d'un an, avec l'assurance que l'Assemblée voterait alors pour une demande d'avis consultatif, accordait encore plus de temps à la Grande-Bretagne pour manœuvrer.

Les choix étaient complexes et méritaient réflexion ; nous discutâmes des heures durant tous les aspects, envisageant toutes les directions et toutes les hypothèses possibles. Paul Reichler et moi-même convînmes finalement d'opter pour la solution que nous considérions comme la moins périlleuse : le report d'une année. L'ambassadeur Koonjul était d'accord, espérant que le soutien des pays africains dans le cercle des non-alignés pourrait être consolidé. Toutefois, nota-t-il, rien n'était certain, et le vote final serait difficile.

Le Premier ministre Jugnauth ne fut pas ravi de l'avis que nous lui rendîmes, il aurait préféré un vote immédiat : « Tentons notre chance maintenant. » L'ambassadeur Koonjul organisa plusieurs conversations téléphoniques urgentes, auxquelles Paul et moi participâmes depuis les entrailles du stade de baseball de Washington, au milieu des chants et cris des supporters. Le Premier ministre insistait. « Le temps n'est pas de mon côté, dit-il en riant. J'ai quatre-vingt-six ans, j'ai attendu cinquante ans que ce moment arrive ! » Il finit, néanmoins, par accepter notre conseil, déçu. « Neuf mois ? J'imagine que c'est supportable. »

Maurice et la Grande-Bretagne acceptèrent de reporter l'affaire à l'été suivant, avec l'aide du président de l'Assemblée, un diplomate fidjien, qui exprima l'espoir qu'avec le temps, les deux pays parviendraient à résoudre leur différend. Les Chagos seraient inscrites à l'ordre du jour de la soixante-et-onzième assemblée générale, en tant que point 87 (« Demande d'avis consultatif à la Cour internationale de justice sur les effets juridiques de la séparation de l'archipel des Chagos de Maurice en 1965 »), sans action prévue avant le 1er juin 2017. Maurice indiqua clairement que, si les choses n'avaient pas avancé d'ici le mois de mai, elle présenterait un projet de résolution et le soumettrait au vote après le 1er juin.

Des discussions s'ensuivirent sans résultat. Une entrevue eut lieu en marge de la réunion annuelle de l'Assemblée générale, lors de laquelle le Premier ministre mauricien reçut l'assurance par le secrétaire d'État aux Affaires étrangères britanniques, Boris Johnson, sur la base de… pas grand-chose, que tout se passerait bien. Ce dernier négligea de mentionner que la Grande-Bretagne était sur le point d'annoncer une aide exceptionnelle de 40 millions de livres, destinée à améliorer le quotidien des Chagossiens[39]. Le fait d'apprendre cela par voie de presse, quelques jours plus tard, ne contribua pas à nous donner de M. Johnson l'image d'un interlocuteur fiable.

M. Johnson omit d'autres faits. Il passa sous silence la pression que la Grande-Bretagne était sur le point de faire subir aux ressortissants chagossiens sur son sol, les engageants à retourner à Maurice ou aux Seychelles[40], dans le cadre d'une offensive plus large visant les migrants indésirables. Il ne mentionna pas non plus l'extension du bail accordé aux États-Unis sur Diego Garcia pour une durée supplémentaire de vingt ans, après que le terme initial était échu en décembre 2016. Ce même mois, j'eus l'occasion d'observer directement l'agitation qu'éveillait chez Boris Johnson l'affaire des Chagos, lors d'une réception à Buckingham Palace – alors que je le connaissais depuis de nombreuses années, ma tentative de lui présenter le haut-commissaire mauricien à Londres se solda par un échec : le secrétaire d'État aux Affaires étrangères regarda ses chaussures (« toujours signe de duplicité », comme me le fit remarquer un ami) et tendit la main à contrecœur avant de se carapater.

En février 2017, des hauts fonctionnaires venus de Grande-Bretagne et de Maurice se retrouvèrent à Londres sans parvenir à faire avancer les choses.

En mars, le gouvernement annonça de nouvelles visites patrimoniales *(heritage visits)* destinées aux Chagossiens[41]. Madame Élysé refusa d'y aller, me dit Olivier Bancoult, comme la plupart de leurs proches d'ailleurs.

En avril, Paul, Jagdish et moi nous retrouvâmes avec Sean Murphy, un nouveau membre de l'équipe, à Washington DC (entretemps, James Crawford avait été élu juge à la Cour et avait démissionné de notre équipe). Nous passâmes plusieurs heures à bricoler les projets de deux questions que l'Assemblée pourrait soumettre à la Cour.

En mai, voyant se profiler une élection générale au Royaume-Uni, le gouvernement britannique indiqua clairement qu'il s'opposerait vigoureusement à ce que l'on envoie les questions à La Haye. Un avis consultatif constituerait un « abus » de la part de la Cour. Il pouvait compter en cela sur le soutien des Américains, qui considéraient que l'exercice « excédait » la mission de cette instance[42].

L'Union africaine, en revanche, décida d'engager ses membres à soutenir la demande d'avis consultatif concernant les Chagos. Les pays appartenant au Mouvement des non-alignés – une émanation de la décolonisation, établie à Bandung, en Indonésie, soixante ans plus tôt – firent de même.

Les lignes de clivage une fois tracées, la Grande-Bretagne proposa d'envoyer une délégation hautement qualifiée à Port Louis, dans l'espoir d'étendre les négociations jusqu'en juin. Maurice déclina, toujours polie, mais de plus en plus ferme.

Vers la fin mai, le temps commença à manquer.

La résolution 71/292

Le 1er juin 2017, Maurice demanda à l'Assemblée générale d'intervenir en faveur des Chagos. Un débat était prévu à l'Assemblée pour la fin du mois, qui devait être suivi par un vote. Maurice fit circuler une note informelle pour la rédaction d'une résolution : une demande d'avis consultatif agrémentée des deux questions que nous avions rédigées. La décolonisation de Maurice avait-elle été validement menée à bien ? Dans le cas contraire, quelles étaient les conséquences légales ? Un « exposé de position » fournissait des précisions quant à l'histoire et des arguments en faveur de la résolution.

Des rapports arrivèrent signifiant que la Grande-Bretagne s'était engagée dans une « énorme campagne » à New York et dans plusieurs autres capitales à travers le monde, afin de convaincre les participants au scrutin de voter contre la résolution. Les pays d'Amérique latine qui avaient connu des déconvenues devant la Cour, comme par exemple la Colombie, étaient, disait-on, les cibles privilégiées de cette campagne de lobbying[43]. Dans une lettre adressée à tous les membres de l'ONU, la Grande-Bretagne exposait ses arguments : l'affaire des Chagos était un différend bilatéral entre deux pays auxquels il appartenait de le résoudre entre eux, il ne s'agissait pas d'une affaire multilatérale sur la décolonisation, si bien que l'Assemblée générale n'avait aucune autorité pour demander un avis à la Cour.

Les attitudes de la Russie et de la Chine allaient être déterminantes. L'une comme l'autre avaient des inquiétudes concernant des questions territoriales – respectivement la Crimée et la mer de Chine méridionale – et préféreraient sans doute qu'un avis consultatif sur les Chagos ne constitue pas un précédent. Notre but était donc de circonscrire au maximum le dossier, de le traiter comme une question se bornant à la décolonisation, sans rapport avec la souveraineté territoriale, et d'indiquer clairement qu'un différend qui se situerait purement sur le terrain de la souveraineté territoriale ne pourrait en aucun cas être l'objet d'une demande d'avis consultatif. Sur ces bases, les deux pays firent savoir qu'ils ne s'opposeraient pas à la résolution et qu'ils seraient de notre côté. La Russie suggéra (et obtint) un modeste changement dans la formulation d'une des questions, pour rendre encore plus flagrante la distinction entre la situation des Chagos – liée à la décolonisation – et d'autres questions territoriales qui, elles, étaient sans lien avec le colonialisme.

Un autre point important à trancher était l'avenir de la base américaine à Diego Garcia, l'ancien Camp Justice où Bob Hope s'était produit autrefois. C'était primordial pour de nombreux pays et, surtout si nous finissions par aller à La Haye, pour les juges, qui ne voudraient pas se voir accusés de vouloir fermer une base militaire américaine aussi importante. Maurice fit circuler une note adressée à tous les membres de l'ONU qui confirmait qu'elle soutenait la poursuite des opérations sur la base de Diego Garcia conformément au droit international. Plus tard, Maurice ferait encore un pas en avant, en offrant aux États-Unis un bail de quatre-vingt-dix-neuf ans. Les *fake news* abondaient, dont une, propagée à partir de rumeurs lancées par les diplomates britanniques, selon laquelle Maurice avait pour projet de céder la base – ou une autre île des Chagos – à la Chine. Cette affirmation n'ayant aucun sens, elle fut facilement écartée.

Les jours qui suivirent furent consacrés à des échanges intenses d'arguments et de contre-arguments. Si la Grande-Bretagne présentait un exposé de position, Maurice le réfutait, et vice versa. Nous sentions une inquiétude croissante chez les Britanniques, qui se manifestait par la propagation constante de rumeurs et d'allusions qui n'avaient aucun fondement. Alors que la date du vote approchait, Boris Johnson téléphona à M. Jugnauth et lui demanda d'abandonner l'entreprise. En raison d'un manque de préparation caractéristique, le secrétaire d'État aux Affaires étrangères, au lieu de s'en tenir au scénario de départ, se mit à émettre des menaces d'ordre économique et à agiter d'autres conséquences fâcheuses si le vote avait lieu. Seriez-vous en train de briser l'accord établi de longue date selon lequel l'affaire des Chagos ne doit pas altérer l'entente entre nos deux pays? demanda le Premier ministre de Maurice. M. Johnson changea aussitôt d'approche.

Une semaine avant le vote, le Congo-Brazzaville fit circuler une ébauche de résolution comportant nos deux questions, à l'initiative du Groupe des États d'Afrique à l'ONU. Elle comprenait le modeste amendement demandé par la Russie[44]. Le lendemain, le Mouvement des non-alignés exhorta au soutien de la résolution. Deux de ses membres, le Chili et la Colombie, dont on pensait qu'ils penchaient pour la position britannique, ne s'opposèrent pas.

Nikki Haley, l'ambassadrice américaine à l'ONU, choisit ce moment pour s'adresser à tous les membres des Nations Unies. Il était, selon elle, « inapproprié » de demander un avis consultatif dans un différend bilatéral lorsque l'une des parties n'y consentait pas. Le vote risquait de créer un « dangereux précédent ».

Quatre jours avant le vote, Anerood Jugnauth arriva à New York, à la tête d'une délégation mauricienne et en compagnie d'un groupe de Chagossiens. Liseby Élysé n'était pas présente, mais son neveu, Olivier Bancoult, était du voyage, avec son amie Janine Sadrien. Ils se rendirent à une petite exposition de photographies sur l'exil des Chagossiens, dans le hall du siège des Nations Unies. *L'accrochage d'une exposition dans les locaux de l'ONU ne signifie pas que les Nations Unies approuvent*, lisait-on sur un cartel[45].

Trois jours avant le vote, nous fûmes informés que la Grande-Bretagne et les États-Unis intensifiaient la pression sur les hauts fonctionnaires des divers gouvernements. Un ministre britannique arriva à New York armé d'une « note libre » sur laquelle on lisait en gras les arguments bien connus : *Ceci constitue un précédent que nous voulons éviter à tout prix*. Le message coïncida avec un changement perceptible dans l'approche britannique, qui se mit à encourager l'abstention afin de limiter le volume des votes en faveur de la résolution. On rapporte que l'ambassadeur britannique invita quarante pays du Groupe des États d'Asie et du Pacifique à une réunion au sujet des

Chagos, mais moins d'une douzaine y assistèrent, dont seulement quatre ambassadeurs.

La veille du vote, j'étais à New York pour une réunion de dernière minute « spéciale lobbying » avec l'équipe mauricienne. Le Mouvement des non-alignés avait déjà appelé tous ses membres à soutenir la résolution. La Grande-Bretagne contra en prétendant que l'Assemblée générale était utilisée comme un « chemin détourné pour accéder à la Cour », ce qui risquait de « compromettre » l'institution juridique[46].

Je passai une journée aussi longue que fascinante au siège de l'ONU, des heures assis à une petite table dans le salon indonésien à rencontrer des délégués pour discuter la résolution. Je fus en contact avec plusieurs dizaines d'individus, pour la plupart conseillers juridiques, qui, pour certains, avaient été mes étudiants. Au cours de la journée, deux délégués seulement – un Australien amical et un Canadien sensible – exprimèrent une inclination à soutenir la Grande-Bretagne, quoique sans enthousiasme. La plupart des délégués venaient d'Afrique, d'Asie et des Caraïbes : aucun n'était hostile à la Grande-Bretagne, tous indiquaient qu'ils avaient été soumis à des pressions, mais ils ne suggéraient pas qu'ils y succomberaient. Nombreux parmi eux furent ceux qui notèrent que la Grande-Bretagne avait du mal à se défaire de son instinct colonial.

Mon rôle était de rassurer. Le soutien à la résolution, ou l'abstention, ne constituerait en aucun cas un précédent, dans la mesure où les autres situations ne ressortissaient pas à un contexte de décolonisation. Un soutien à la résolution ne nuirait ni à l'ONU ni à la Cour. Le vote ne concernait que les conséquences de la résolution 1514 et l'autorité de l'Assemblée générale. Les Chagos était une affaire de décolonisation, rien à voir avec la Crimée ou la mer de Chine méridionale, pas plus qu'avec les Malouines. La question des Chagos portait sur l'intégrité territoriale des anciennes colonies et les droits de leurs habitants.

J'appris beaucoup ce jour-là, en particulier sur le déclin de l'autorité britannique dans le monde. Je remarquai un nombre significatif de sourcils froncés au moment où le nom du secrétaire d'État aux Affaires étrangères était prononcé. Sa propension à faire usage d'épithètes racistes était bien connue : un certain nombre de délégués africains firent référence à l'éditorial du *Daily Telegraph* (dans lequel il parlait de « négrillons » et de « sourires en tranche de pastèque » pour évoquer l'accueil que recevait la reine dans certains pays du Commonwealth…), et d'autres mentionnèrent ses critiques racialement orientées à l'encontre du Président Obama, dans le journal *The Sun* (« l'aversion du Président à moitié kenyan pour l'Empire britannique[47] »). Au sein de ce forum multilatéral, à une époque où les articles parus dans les médias bénéficient d'une diffusion planétaire, M. Johnson et ses écrits offrirent un soutien non négligeable à Maurice.

Tard ce soir-là, je pris l'avion pour une obligation familiale. Durant le vol, il me sembla soudain possible – quoique à peine inimaginable – que la Cour puisse bientôt livrer un avis sur l'affaire des Chagos. Si passer sa vie dans les tribunaux du monde entier vous apprend quelque chose, c'est qu'il ne faut jamais rien prendre pour argent comptant.

V.

2019

S'il se peut que le première lutte pour la libération s'effectue contre le colonisateur, la seconde, s'opère, inévitablement contre nous-mêmes.

Sara Collins, discours prononcé lors de la remise
du Prix PEN Pinter attribué à Tsitsi Dangarembga,
British Library, septembre 2021

Au matin du 22 juin 2017, sir Anerood Jugnauth gagna le pupitre pour s'adresser à l'Assemblée générale[1]. Âgé de quatre-vingt-sept ans, cheveux noirs, déterminé, humble petit-fils de migrants économiques venus d'Inde, l'ancien Premier ministre de Maurice avait longtemps attendu ce moment.

Il avait commencé sa carrière comme employé du gouvernement à Port Louis, travaillant au sein du Poor Law Department (aide aux plus pauvres) de la colonie britannique de Maurice. Une bourse lui fut attribuée pour qu'il puisse aller étudier à Londres à Lincoln's Inn et lui permit de devenir avocat ; à son retour à Port Louis, il fut élu au Conseil législatif. En septembre 1965, il retourna à Londres en tant que membre de la délégation mauricienne lors de la conférence de Lancaster House. Le moment venu, il devint un leader politique puis fut nommé Premier ministre, pour un premier mandat, puis un deuxième et un troisième. En septembre 1982, il se tint pour la

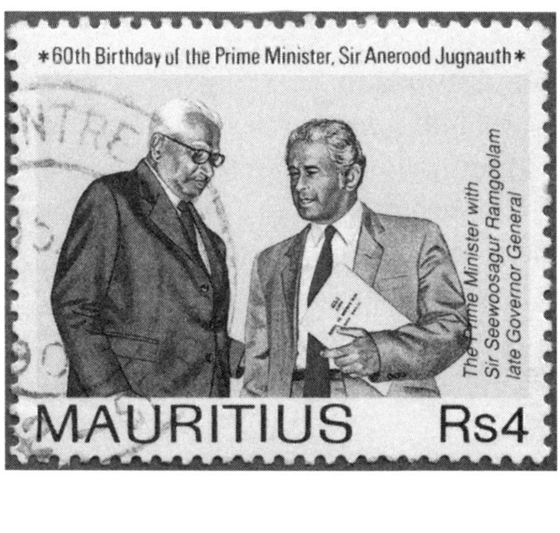

première fois face au pupitre lors de l'Assemblée générale afin de lancer un appel public pour la reconnaissance de l'archipel des Chagos comme partie intégrante de Maurice et pour le droit de retour des Chagossiens. Trente-cinq ans après sa première intervention, et cette fois en présence de son fils Pravind, actuel Premier ministre, il s'adresserait pour la dernière fois à l'Assemblée.

Il parla très sobrement, maniant l'euphémisme, rendant hommage à Madame Élysé et aux Chagossiens qui avaient fait le voyage avec lui à New York. Seul participant encore en vie de la conférence de Lancaster House, il savait tout des contraintes exercées sur les populations et de la « violation flagrante du droit international » opérée par la Grande-Bretagne : c'était devenu une affaire personnelle. Il exhorta à un vote en faveur de la résolution, afin de mener à bien la décolonisation et de respecter les règles édictées par le droit international[2].

Vingt-trois pays participèrent au débat, pour la plupart favorables à la résolution. L'ambassadeur de la Grande-Bretagne, Matthew Rycroft, fut l'un des rares à s'y opposer. Je connaissais son nom car, en janvier 2003, alors qu'il était le secrétaire particulier de Tony Blair, il avait exprimé son irritation à propos d'une note rédigée par le procureur général, lord Goldsmith, recommandant une nouvelle résolution du Conseil de sécurité pour autoriser le recours à la force en Irak. « J'ai explicitement signalé que nous n'avions pas besoin d'une nouvelle consultation cette semaine », avait griffonné M. Rycroft. Son implication dans le droit international ne semblait pas s'être affermie durant ces dernières années. Une réinstallation aux Chagos était impossible, signifia-t-il à l'Assemblée générale, suggérant (sans preuves) que Maurice utilisait les Chagossiens pour étayer une revendication de souveraineté. Le représentant des États-Unis, qui s'exprima plus tard, lui fournit un soutien remarquable.

Les débats durèrent toute la matinée. À Londres, l'équipe juridique suivait en ligne pour assister au vote qui aurait bientôt lieu, et madame Élysé faisait de même à Port Louis. Vert, en faveur de la résolution ; rouge, contre ; jaune, abstention ; noir, absence. En un instant le tableau se couvrit de lumières vertes, indiquant que la résolution 71/292 avait été adoptée par une large majorité. Quatre-vingt-quatorze pays avait voté pour, seulement seize contre – dont l'Australie et la Nouvelle-Zélande, deux des quatre anciennes colonies à soutenir la Grande-Bretagne. Soixante-cinq pays s'abstinrent, dont la Chine, la Russie et la France, et dix-neuf pays étaient absents. Parmi les vingt-sept membres de l'Union européenne, Chypre accorda son soutien à la résolution, la Croatie et la Hongrie votèrent contre, et les autres s'abstinrent. Trois des cinquante-quatre membres du Commonwealth apportèrent leur soutien à la Grande-Bretagne. Le Brésil, l'Inde et l'Afrique du Sud votèrent pour l'adoption de la résolution, et seulement deux pays en voie de développement votèrent contre : l'Afghanistan et les Maldives. Aucun pays d'Afrique, d'Amérique latine ou des Caraïbes ne soutint la Grande-Bretagne. L'époque de la Globale-Bretagne était révolue, et voici que s'ouvrait celle de la Petite-Bretagne.

L'Assemblée générale vota pour l'envoi de deux questions à La Haye, qui constitueraient le vingt-cinquième avis consultatif demandé à la Cour. La première question consistait à savoir si, en 1968, la décolonisation de Maurice avait été validement menée à bien, sachant que les Chagos avaient été séparées. Si la réponse à cette question était « non », la seconde question s'attaquerait aux conséquences de l'administration des Chagos par le Royaume-Uni et à la réinstallation des Chagossiens. La résolution 1514 et la notion d'intégrité territoriale seraient débattues devant la Cour.

À New York, l'amie de madame Élysé, Janine, était aux anges. « J'ai poussé un cri. J'étais si heureuse, si émue, que j'ai crié ! Mon pays, mes Chagos, nous ne sommes pas seuls, nous nous sentions entourés de supporters. »

À Maurice, mes camarades chagossiens étaient euphoriques. « Je n'aurais jamais imaginé un bonheur pareil, me confia madame Élysé. Le monde nous avait entendus, nous n'étions pas seuls. »

L'Élection

Le secrétaire général de l'ONU transmit les deux questions à La Haye. La Cour diffusa un communiqué de presse, l'affaire avait à présent un nom – *Conséquences légales de la séparation de l'archipel des Chagos de Maurice en 1965* – et un calendrier : l'ONU et n'importe lequel de ses membres avaient la possibilité de soumettre un exposé écrit avant la fin du mois de janvier 2018, auquel répondraient des observations écrites jusqu'en avril. Les espoirs de madame Élysé dépendaient de la désignation des quinze juges de la Cour.

Les décisions prises au sujet de l'Afrique du Sud-Ouest, à l'issue des jugements de 1966, confirmaient que la composition de la Cour était déterminante, qu'un dénouement dépendait parfois de la présence ou de l'absence d'un ou deux juges, des inclinations individuelles des juges et de la façon dont le groupe fonctionnait dans l'ensemble. En préparant une affaire, comme je l'avais appris de James Crawford, on doit prendre en compte avec soin les antécédents et les tendances de chaque juge : ses décisions précédentes, ses écrits extrajuridiques, les points de vue du pays dont il est issu concernant des questions potentiellement sensibles pour l'affaire. Un ou deux juges suffisent à modifier le cours des choses, comme nous l'avait montré le dossier de la Géorgie, et les Chagos ne feraient pas exception. Au moment où l'affaire arriva à La Haye, Crawford avait été élu juge à la Cour, mais il serait dans l'obligation de se récuser, ayant longtemps conseillé Maurice, ce qui signifiait que seulement quatorze juges siègeraient. Le premier juge permanent originaire d'Australie depuis Percy Spender – alors qu'il aurait eu l'occasion de réparer les dommages causés par son compatriote – allait être exclu. Nous supposâmes que le juge Greenwood ne siègerait pas, dans la mesure où il avait participé à l'arbitrage effectué quelque temps plus tôt sur l'affaire de l'AMP, mais nous ne reçûmes aucune information de la Cour à ce sujet. Pendant ce temps, quoi qu'il en soit, l'Irak, le Brexit et les Chagos allaient se combiner pour opérer un changement déterminant dans la composition de la Cour.

Peu de temps après l'adoption de la résolution 71/292, le juge Greenwood était sur le point de se faire réélire à la Cour. Depuis 1945, la Grande-Bretagne avait toujours eu un juge dans cette instance : sept candidats s'étaient présentés, tous avec succès. Il était difficile d'imaginer la Grande-Bretagne sans son juge à la Cour. C'est ce que l'on m'avait enseigné en 1982 et, quarante ans plus tard, l'idée semblait avoir été gravée dans le marbre.

En novembre 2017, l'élection des juges à la Cour internationale de justice se tint à l'ONU, avec six candidats pour cinq places, dont une seulement n'était pas réservée à un juge permanent : les juges somalien, français et brésilien furent réélus aussitôt, et un candidat venu de l'extérieur, du Liban, fut choisi pour occuper le quatrième poste. Ce qui laissait deux candidats en lice pour un poste unique : le juge Greenwood, de Grande-Bretagne, et le juge Bhandari, d'Inde.

L'ONU élit les juges de la Cour internationale de justice grâce à un système qui requiert une double majorité des voix réunies de l'Assemblée générale et du Conseil de sécurité. Lors du premier tour, le candidat indien arrivait en tête à l'Assemblée, mais le Conseil de sécurité penchait fortement pour le candidat britannique. Cette impasse exigea de nouveaux scrutins qui se répèteraient jusqu'à ce qu'un candidat unique émerge à la majorité au sein des deux organes réunis.

Pour Maurice, il s'agissait d'un choix délicat. Dans les relations plutôt cordiales qu'elle entretenait avec l'Inde et la Grande-Bretagne, l'affaire des Chagos avait introduit une note de tension avec la seconde, tandis que l'Inde soutenait activement une décolonisation totale. Il était donc raisonnable de penser qu'un juge indien recevrait les arguments de Maurice plus favorablement, tandis que le juge Greenwood, par ailleurs très bien considéré en tant que magistrat, était connu pour ses positions conservatrices en matière de droits de l'homme. « Écouter parler Chris Greenwood, c'est comme boire litre après litre du chocolat chaud », dit un jour feu mon ami Jonathan Cooper à un groupe de diplomates du ministère des Affaires étrangères. Pour Maurice, la situation était claire : si on lui donnait le choix, elle opterait pour le juge Bhandari.

À l'issue du premier scrutin à l'Assemblée générale, l'Indien l'emportait sur son homologue britannique par cent dix voix contre soixante-dix-neuf. Alors que les tours se poursuivaient, les États-Unis intervinrent en envoyant un courriel adressé à la plupart des membres de l'ONU, mais apparemment pas à l'Inde, dans lequel ils affirmaient leur « soutien vigoureux » au juge Greenwood, indiquant qu'il s'était récusé au moment de délivrer l'avis consultatif concernant les Chagos[3]. Cette information, inconnue de Maurice, eut pour conséquence involontaire de placer les Chagos au cœur des débats. La campagne des États-Unis n'eut donc pas pour effet d'accroître le soutien apporté au candidat britannique, si bien qu'au cinquième tour, le candidat indien prit la tête encore plus nettement : on en était à cent vingt et un contre soixante-huit[4]. Au sein du Conseil de sécurité, d'un autre côté, le juge Greenwood arrivait constamment premier, par neuf voix contre cinq, sans abstention. À ce stade, il fut décidé de marquer une pause dans le scrutin, afin de consulter les capitales.

Le représentant permanent de la Grande-Bretagne avait fait circuler une lettre aux membres de l'Assemblée et du Conseil vantant les « états de service remarquables » du candidat à la Cour[5]. Ce courrier, lui aussi, mentionnait les Chagos et la décision de Greenwood de se récuser, ce qui renforça l'importance de la question. Tandis que l'Inde et la Grande-Bretagne exerçaient des pressions et des influences, Londres proposa qu'une conférence commune se tînt entre le Conseil de sécurité et l'Assemblée générale, une procédure rare destinée à sortir de l'impasse[6].

L'idée fit long feu lorsque les Américains changèrent soudain de stratégie, retirant de la circulation leur lettre de soutien au candidat britannique. Apparemment cette décision fut prise sur les conseils insistants de l'ambassadrice des États-Unis, Nikki Haley, à la suite d'une intervention de l'Inde, ayant appris l'existence de cette lettre et estimant qu'elle entrait en contradiction avec la promesse de neutralité que l'Amérique avait donnée vis-à-vis des deux candidats. L'amitié du Président Trump avec le Premier ministre indien, Narendra Modi, rendait la « relation spéciale » de la Grande-Bretagne avec les États-Unis un peu moins « spéciale ». Le retrait de la circulaire américaine envoyait un signal et, dans les faits, elle fit basculer le scrutin[7]. La Grande-Bretagne retira sa candidature.

La perte du juge britannique fut largement commentée ; elle était considérée comme un désastre à Londres, et le gouvernement cherchait à rejeter la responsabilité et le blâme sur les fonctionnaires, qui auraient signé un « échec de la diplomatie du Royaume-Uni[8] ». La réalité était tout autre, comme le savaient de nombreux observateurs : la Grande-Bretagne avait perdu son juge au Tribunal international du droit de la mer plusieurs années auparavant, après la guerre en Irak, et elle venait de perdre son juge à la Cour internationale de justice en raison d'un mélange toxique à base d'Irak, de Brexit, de Chagos et de Boris Johnson. Cinquante ans après les jugements rendus sur l'Afrique du Sud-Ouest en 1966, la bulle britannique venait d'éclater, et cela se reflétait par la perte de deux scrutins importants à l'Assemblée générale. Si on peut mettre sur le compte de la négligence l'échec à un scrutin de l'ONU, deux échecs de suite traduisent quelque chose de bien plus sérieux[9].

La phase écrite

C'est ainsi que la composition de la Cour changea. Il y avait un nouveau juge libanais, le juge indien avait été réélu et, pour la première fois de l'histoire de cette institution, aucun juge britannique ne siègerait. Et c'est dans ce contexte que l'équipe de Maurice commença à coucher ses arguments sur le papier. Présenter un cas, c'est raconter une histoire, et le faire de manière à convaincre des juges venus de pays très différents.

L'histoire figure sous différentes formes, écrite dans un premier temps, elle devient orale lors de l'audience. Les images, elles aussi ont leur rôle à jouer. À mesure que les procédures se déroulent, rythmées par les réactions des différentes parties à la narration, la présentation évolue, se centrant de plus en plus sur des questions spécifiques. Le droit offre un cadre à l'intérieur duquel l'histoire est consignée, mais j'ai compris au fil du temps que la façon dont les faits sont présentés peut influencer la réaction individuelle d'un juge. Une affaire s'adresse à plusieurs publics – les gouvernements, la population, les médias –, mais, lorsque l'on écrit une plaidoirie, le seul public que l'on vise vraiment est celui constitué par les juges.

Dans le cas d'un avis consultatif, le premier document s'appelle l'« exposé écrit », et c'est l'occasion de présenter le dossier. Maurice avait déjà diffusé ses arguments lors de l'arbitrage concernant l'AMP, mais les juges siégeant à La Haye n'étaient pas les mêmes et ils s'attendaient à ce qu'on leur fournisse un matériau permettant de trancher sur les deux questions envoyées par New York. « Reste simple », m'avait conseillé James Crawford, alors que j'allais plaider mon premier cas devant la Cour un quart de siècle auparavant, « assure-toi que le récit soit clair et accessible pour chaque juge, en fonction de sa culture et de ses croyances, pas seulement du point de vue du droit, et arrange-toi pour agrémenter tes dires d'une feuille de route. Expose une série de propositions, puis martèle les points clés » :

La Cour a compétence juridictionnelle.

Rien ne l'empêche de l'exercer.

Le principe de l'autodétermination est présent dans la résolution 1514, reflet de la loi déjà en application en 1965, lorsque les Chagos furent séparées.

Cette loi inclut le principe de l'intégrité territoriale, visant à interdire le détachement d'une partie d'une colonie sans le consentement de celle-ci.

En 1965, l'archipel des Chagos faisait partie intégrante du territoire de la colonie britannique de Maurice.

La population de Maurice n'a pas eu l'occasion d'exprimer son consentement à la séparation.

La séparation et le déplacement des habitants ont été accomplis par des moyens fourbes.

La séparation était illégale et sans effet juridique.

La décolonisation n'a pas été menée à bien.

Madame Élysé et les Chagossiens ont subi un préjudice en étant arrachés à leur foyer.

Chacune de ces propositions exigeaient la production de preuves en faits, et d'arguments en droit, comme dans n'importe quelle affaire. Celle-ci, cependant, se distinguait par un élément humain puissant, qui ne pouvait être passé sous silence devant la Cour. Comment les Chagossiens allaient-ils pouvoir raconter leur histoire aux juges ? Les procédures pour avis consultatif ne convoquent en général pas de témoins : nous nous demandâmes donc comment faire entendre la voix des Chagossiens dans la grande salle de Justice.

Il y avait d'autres considérations à prendre en compte. La Grande-Bretagne ne manquerait pas de brandir le fait que l'affaire des Chagos était un différend bilatéral, échappant donc à une demande d'avis consultatif, raison pour laquelle il serait indispensable d'élargir le cadre à plusieurs pays, afin de refléter le caractère d'intérêt général. Port Louis encourageait fortement la participation d'autres nations, s'adressant aux Présidents et aux Premiers ministres, organisant des réunions à New York et se déplaçant dans plusieurs capitales à travers le monde. Nous convînmes d'un rassemblement de près de vingt-cinq pays à La Haye, afin d'expliquer les tenants et les aboutissants du dossier ainsi que sa signification plus large du point de vue politique autant que juridique.

Cette démarche sembla fonctionner. Trente et un pays déposèrent des exposés écrits, en plus de l'Union africaine, qui s'exprima d'une seule voix au nom de tout le continent comptant cinquante-cinq pays. Des pays de tous les groupes régionaux de l'ONU participèrent : six du Groupe des États d'Asie et du Pacifique ; huit de celui d'Europe occidentale et autres États, dont deux pays de l'Europe de l'Est, et sept issus du Groupe des États d'Amérique latine et des Caraïbes.

La première série d'exposés écrits se solda par un soutien écrasant aux positions de Maurice.

Seul un pays déclara que la Cour n'avait pas compétence juridictionnelle : l'Australie.

Cinq pays reconnurent la compétence de la Cour, mais exhortèrent celle-ci à refuser de l'exercer : la Grande-Bretagne et les États-Unis, ainsi que le Chili, la France et Israël. Selon eux, en exerçant sa compétence, la Cour s'immiscerait dans le domaine proscrit du différend bilatéral.

La Chine, la Russie et l'Allemagne exprimèrent leur désaccord. Le dossier des Chagos était bel et bien une affaire de décolonisation et typiquement un sujet ressortissant à l'Assemblée générale, si bien que la Cour devrait répondre aux deux questions, avec réserve toutefois.

Sur le fond, la Grande-Bretagne et les États-Unis étaient isolés. Aucun autre pays ne soutenait leur ligne, selon laquelle le droit à l'autodétermination n'était pas reconnu par le droit international à l'époque où les Chagos avaient été séparées et au moment où Maurice avait acquis son indépendance.

Tous les autres exposés écrits concernant l'affaire concluaient que l'autodétermination faisait partie intégrante du droit international lorsque la Grande-Bretagne avait détaché les Chagos et que cette dernière avait violé le principe de l'intégrité territoriale. La décolonisation de Maurice demeurait incomplète, les Chagos faisaient partie de Maurice et non de la Grande-Bretagne.

Aucune des pièces écrites – pas même celles qu'avaient fournies la Grande-Bretagne, les États-Unis, ou encore l'Australie – ne remettait en cause la proposition selon laquelle, si la décolonisation de Maurice n'était pas complète, elle devait être validement menée à bien dans les plus brefs délais. Aucun de ces pays ne s'opposait à la proposition indiquant que l'achèvement de la décolonisation signifierait un possible retour de madame Élysé à Peros Banhos.

En mai 2019, dix pays de l'Union africaine soumirent une nouvelle série d'arguments, des « observations écrites » répondant aux premiers exposés écrits. Ces documents étaient plus courts, plus étroitement centrés, portant sur des points de désaccord précis, avec la Grande-Bretagne et les États-Unis d'un côté, et Maurice ainsi que sept pays et la totalité du continent africain de l'autre.

Lors de la deuxième phase, Maurice versa au dossier les expériences personnelles de cinq Chagossiens, sous forme de récits écrits relatant leur déplacement forcé et leur désir de retour. Un de ces témoignages fut recueilli auprès de madame Élysé. Les autres venaient de Marie Mimose Furcy, aussi originaire de Peros Banhos, Rosemonde Berthin, Janine Sadrien et Louis Rosemond Samynaden, originaire des îles Salomon. La Grande-Bretagne aurait eu tout loisir de fournir les points de vue de Chagossiens vivant au Royaume-Uni, mais elle choisit de s'abstenir, si bien que les personnes susnommées furent les seuls Chagossiens dont les récits furent présentés directement à la Cour.

Avec la clôture de la phase écrite, la procédure approchait du moment de l'audience, où les plaidoiries seraient diffusées publiquement au tribunal. Une audience est un moment théâtral, et nous avions envie de faire entendre à la Cour des voix nombreuses et variées en soutien à Maurice et, dans une bien moindre proportion, des voix s'y opposant. Cela aussi exigeait des préparatifs minutieux.

Madame Élysé, 2018

Vingt-deux pays et l'Union africaine dans sa totalité exprimèrent le désir de participer à l'audience. La Cour accorda à chacun quarante-cinq minutes de temps de parole, sauf à la Grande-Bretagne et à Maurice, qui bénéficiaient de deux heures supplémentaires, eu égard à leur intérêt particulier dans l'affaire. Ce qui faisait au total une session de trois heures, sans compter les vingt minutes de pause-café règlementaires.

Comment allions-nous faire usage de notre temps ? Il y avait les faits, la loi et une histoire à raconter, les événements précédant la séparation des Chagos et ceux qui avaient suivi. Notre tâche principale consistait à convaincre la Cour que la résolution 1514, avec ses références à l'autodétermination et à l'intégrité territoriale, était déjà en vigueur selon la loi en 1965 et qu'elle avait été violée. Le sujet était certes austère, mais nous n'étions pas obligés de le présenter sous un jour morne. Le facteur humain était au cœur de cette histoire et, très tôt, nous eûmes la conviction qu'il fallait faire entendre la voix des Chagos aux juges.

Un de nos collègues, Remi Reichhold, fit le voyage de Londres à Port Louis pour aller à la rencontre des cinq Chagossiens qui avaient préparé des témoignages personnels, afin d'identifier lequel parmi eux serait le plus à même de s'adresser à la Cour de façon persuasive. Ses conversations avec eux l'amenèrent à hésiter entre Rosemond Samynaden et Liseby Élysé. Normalement l'un comme l'autre aurait dû pouvoir lire un texte préparé à l'avance, mais comme ni l'un ni l'autre ne savait lire, cela représentait un défi : une parole sans support était risquée, car l'orateur pouvait s'égarer dans une direction que nous n'aurions pas prévue ou parler trop longtemps. Si bien que nous optâmes pour une autre approche : nous filmerions le témoignage en amont et demanderions à la Cour la permission de le diffuser au tribunal. La Cour nous accorda cette permission.

« Ils m'ont demandé si je voulais témoigner devant la Cour, a expliqué Madame Élysé. Je voulais participer. » À mesure que le dossier franchissait les diverses phases, elle sentait grandir en elle un certain optimisme, mais elle tenait à garder ses sentiments sous contrôle. « 2018 a été une grande année pour moi. J'avais soixante-cinq ans et j'avais arrêté de travailler après vingt-sept ans passés à servir comme domestique dans une famille sino-mauricienne. Je sentais la douleur de ce qui m'était arrivé aussi fort qu'avant, et je voulais faire tout ce que je pouvais pour aider à l'avancement du dossier. »

À Port Louis, Remi préparait les vidéos, passant des heures avec Monsieur Rosemond Samynaden. « Ils étaient nerveux tous les deux, mais Liseby, encore plus. » Chacun leur tour, ils s'assirent dans une grande salle de réunion, face à la caméra, avec un fond vert dans le dos. Rosemond passa en premier, il parla dix minutes, racontant la façon dont il avait été expulsé et disant qu'il espérait rentrer un jour. « Je voudrais mourir en paix aux Chagos. »

Madame Élysé avait soigneusement réfléchi à ce qu'elle dirait et elle en avait discuté avec des amis et sa famille. « Une vidéo, c'était plus facile pour moi. Je ne sais pas lire. » Remi apprécia les moments passés avec elle. « Elle était visiblement angoissée, ses bras tremblaient. Je lui ai donné très peu d'indications, je lui ai juste demandé de regarder droit dans l'objectif et de raconter son expérience. Même si je ne comprenais pas chaque mot, vu qu'elle parlait en créole, sa voix était pleine d'émotion. Au fur et à mesure qu'elle racontait son histoire, l'émotion grandissait – la douleur et la colère avec –, et elle s'est mise à pleurer. On a arrêté de tourner et on l'a réconfortée. Je lui ai dit que ce n'était pas la peine, mais elle a tenu à recommencer. La deuxième prise s'est déroulée exactement comme la première. La troisième aussi. Cette fois, nous n'avons pas arrêté de filmer. On l'a laissée finir son témoignage, la main droite couvrant son visage pour dissimuler les larmes qui coulaient. »

La Cour !

Les audiences se tinrent en septembre 2018 sur quatre jours, durant lesquels la chaleur de l'été régnait encore, une session le matin, une session l'après-midi. Nous espérions recevoir le soutien de tous les continents. Nous espérions aussi qu'un membre de l'Union européenne parlerait en notre nom et qu'aucun ne s'élèverait contre nous ; nous espérions que la Chine, la France et la Russie seraient absentes et que l'Union africaine s'exprimerait ; nous espérions également que le Brésil, l'Inde, l'Afrique du Sud, tous ces pays en plein essor, s'adresseraient à la Cour pour prendre notre défense.

Nos aspirations étaient en partie guidées par la composition de la Cour : sur les quatorze juges siégeant, seulement cinq étaient originaires d'Europe et d'Amérique du Nord ; pour le reste, on en comptait quatre venus d'Asie, trois d'Afrique, deux d'Amérique latine et des Caraïbes. L'image comptait beaucoup, car nous voulions encourager les juges à mettre de côté tous les obstacles juridictionnels et à relever leurs manches pour se salir les mains dans le bourbier du colonialisme et de son héritage. Nous voulions que les Britanniques et les Américains aient l'air isolés et paraissent plaider contre le cours de l'histoire. Nous voulions que la Cour se rappelle le désastre du Sud-Ouest africain.

Ce n'était pas seulement la présence des pays qui nous importait, mais qui serait désigné pour prendre la parole en leur nom. Les avocats qui plaident devant la Cour ont tendance à être recrutés toujours dans le même petit groupe assez peu représentatif : la plupart sont des mâles blancs de l'hémisphère Nord – un ami français qui plaide souvent devant la Cour décrit non sans humour ses *confrères* comme une « mafia[10] ». Pour ce dossier, nous voulions que les avocats soient issus de groupes globalement plus représentatifs. C'était comme si nous créions un nouvel orchestre, avec l'ambassadeur Koonjul en place de chef, dirigeant les musiciens depuis New York, dégageant une force et une influence qui nous encourageaient à actionner nos contacts personnels pour parvenir à identifier les meilleurs avocats possibles. Une fois encore, nous organisâmes des réunions, au sein de l'ONU et dans les capitales étrangères. Nous écrivîmes des lettres, passâmes des coups de téléphone. Nous trouvâmes des alliés à La Haye, sollicitâmes le Premier ministre Pravind Jugnauth.

Alors que l'audience approchait, nous cochions les différentes cases. Tous les continents seraient présents pour soutenir notre position. Le procureur général de Chypre serait présent, avec des avocats représentant l'Union africaine, le Brésil, l'Inde et l'Afrique du Sud.

La Chine, la France et la Russie décidèrent de ne pas participer, une façon pour elles de signaler qu'elles ne s'opposaient pas au dossier. Des avocats venus du monde entier arrivèrent à La Haye, dont plusieurs agissant bénévolement. Un collègue universitaire japonais – le plus impressionnant des avocats du Japon dans l'affaire de la pêche scientifique en Antarctique – effectua le long voyage depuis Kyoto pour plaider au nom du Botswana, en français.

*

* *

L'équipe mauricienne arriva à La Haye quelques jours avant les audiences, c'était la plus importante des vingt-trois délégations. Identifiée dans les documents de la Cour comme une « représentante de la communauté chagossienne », Madame Élysé était là. « Je voulais vraiment y aller, dit-elle, pour expliquer mon voyage aux juges, pour leur montrer ce que mon histoire signifie d'un point de vue humain. Je suis venue à La Haye pour récupérer mon île. Je n'avais pas peur. Je n'avais aucune crainte. Je n'avais pas d'inquiétude. »

Elle avait franchi un Rubicon des années plus tôt, lorsqu'elle avait commencé à s'engager auprès du Chagos Refugees Group au cours des visites patrimoniales à Peros Banhos et au cimetière. « Cette visite, c'est ça qui m'a rendue plus active, et qui m'a donné envie de m'engager dans les dossiers d'Olivier. » Son neveu, monsieur Bancoult, nous rejoignit à La Haye. C'était l'un des nombreux Chagossiens à avoir effectué le long trajet depuis Port Louis, un homme déterminé et réfléchi qui avait porté, durant vingt longues années, cinq dossiers défendant les intérêts du Chagos Refugees Group devant les cours anglaises et la Cour suprême, et plus loin, jusqu'à Strasbourg, sans succès ou presque. Personnage de haute stature, distingué, arborant toujours un sourire qui laissait transparaître son espoir d'une issue positive, encore galvanisé, des années plus tard, par sa rencontre avec Nelson Mandela, il croyait sincèrement que le changement finirait par advenir et que les portes de l'écluse s'ouvriraient.

Madame Élysé ne se laissa pas impressionner par le palais de la Paix, avec ses marbres et ses ors, ses vitraux et ses boiseries, un héritage de l'empire légué par Andrew Carnegie. « J'ai voyagé souvent et dans des pays lointains, dit-elle avec un large sourire en entrant dans le bâtiment. J'ai été à La Réunion, j'ai rendu visite à mon frère aux Seychelles. Je suis allée sur l'île mauricienne de Rodrigues pour me renseigner sur la cuisine chagossienne. J'ai été en Angleterre pour voir mes enfants qui habitent là-bas. Les Anglais… ils ont massacré ma terre natale. » D'autres souvenirs étaient plus joyeux. Un an plus tôt, elle s'était rendue à Rome. « Je suis allée au Vatican : nous avons rencontré le pape, nous voulions raconter aux autres ce qui nous était arrivé. » Et c'est ce qu'ils firent, par le biais d'une exposition dans les locaux de l'ONU.

*

* *

Sir Anerood Jugnauth ouvrit l'audience pour Maurice sous la présidence du juge Abdulqawi Yusuf, originaire de Somalie, qui avait grandi sous le joug du colonialisme italien (« une des administrations coloniales les plus dures et les plus cruelles que l'Afrique ait connues[11] », précisa-t-il). Jugnauth livra un récit personnel et relativement bref, en tant que dernier membre vivant de la conférence de Lancaster House. « Je suis au regret de dire que, cinquante ans après l'indépendance et plus de cinquante ans après que je me suis rendu à Londres pour participer à la conférence constitutionnelle, le processus de décolonisation de Maurice demeure incomplet à la suite du détachement illégal d'une partie de notre territoire à la veille de notre indépendance. »

Quatre avocats mandatés par Maurice se succédèrent à un rythme rapide. « Aucun pays ne souhaite être une colonie », fut la formule que nous employâmes pour faire écho à la lettre dans laquelle Boris Johnson, annonçant sa démission en tant que secrétaire d'État aux Affaires étrangères, déplorait que le cadre dans lequel se dessinait la sortie de la Grande-Bretagne de l'Union européenne conférât à son pays le statut d'une colonie[12].

Ce fut ensuite le tour de madame Élysé. Vingt ans sur Peros Banhos, quatre jours d'exode forcé, quarante-cinq ans d'une vie de réfugiée dans son propre pays, tout cela comprimé dans une déclaration de trois minutes et quarante-sept secondes. Je la présentai à la Cour depuis le pupitre, puis j'observai les quatorze juges qui la regardaient se regarder à l'écran.

« Mappel Liseby Élysé. »

Sans le support d'un texte, madame Élysé parlait du fond du cœur, elle savait exactement ce qu'elle voulait dire. L'avocat général britannique, M. Buckland, assis à quelques mètres d'elle et serrant un crayon à papier tout neuf dans sa main, leva à peine les yeux lorsque la voix de Liseby résonna. Le conseiller juridique des Affaires étrangères, s'appuyant sur son coude droit, semblait éviter de poser les yeux sur l'écran. Les juges adoptèrent chacun une posture différente. Certains s'adossèrent à leur fauteuil, d'autres se penchèrent vers l'avant, le menton au creux des mains. D'autres se concentraient, les yeux fermés, pour entendre la langue créole, d'autres encore avaient les yeux rivés sur l'écran, tandis que leurs voisins laissaient leur regard se perdre dans la salle et tout autour d'eux.

Après que madame Élysé eut achevé son témoignage, un long silence se fit, aussi puissant que des paroles, puis il laissa la place au bruit des larmes. Les juges écoutèrent et entendirent, et, après cinq décennies, il n'était pas étonnant que l'émotion soit forte. Les questions soumises à la Cour n'étaient pas théoriques, ni abstraites. « Cela concerne des personnes réelles, des vies réelles, des faits réels et leurs conséquences réelles dans le temps », fut ce que je trouvai de mieux à dire[13].

Notre collègue Alison Macdonald réconforta Madame Élysé. Plus tard, alors que nous évoquions ce moment, Liseby mentionna ses amis, réunis dans un centre communautaire à Port Louis, dont elle savait qu'ils la regardaient à distance car les audiences étaient retransmises en direct sur la chaîne nationale. À quelque temps de là, nous vîmes un montage vidéo diffusé à la télévision mauricienne, avec ses réactions à chaud et ses émotions crues, un mélange de fierté, d'aigreur et de colère.

*

* *

L'équipe britannique s'adressa à la Cour l'après-midi qui suivit. En temps normal, le procureur général aurait été présent, mais celui qui était alors en fonction se récusa dans la mesure où il était un ami – car il avait été son tuteur au cours de ses études – de l'ancien Premier ministre mauricien. Des années plus tôt, il avait conseillé Maurice par écrit et n'accréditait pas l'approche britannique. Et donc M. Buckland fut le premier à plaider, pour le compte du Royaume-Uni, en disant aux juges que son pays était un fervent partisan de la Cour et de l'usage du droit dans les affaires internationales, mais que les juges devaient rejeter l'affaire. « Vous n'avez pas compétence sur un différend bilatéral lié à la souveraineté, dit-il. Vous ne disposez pas d'assez d'éléments pour conclure sur les questions clés. C'est complexe, vous devriez vous abstenir. »

En ce qui concernait les Chagossiens, M. Buckland reconnaissait, au nom de la Grande-Bretagne, que la façon dont ils avaient été déplacés – mais pas le fait en lui-même – ainsi que la manière dont ils avaient ensuite été traités étaient « honteuses et injustes ». Les paroles de madame Élysé étaient, ajouta-t-il, « très émouvantes », et il exprima son « profond respect » pour les Chagossiens. Ce fut tout. Aucun engagement relatif à des réparations pour les torts causés, pas de concession, aucun mot sur leur droit de retour. « Nous avons payé des sommes en compensation », c'était suffisant. L'avocat du Royaume-Uni réitéra les arguments avancés devant l'Assemblée générale, qui n'avait pas été convaincue et, une fois encore, asséna la malheureuse assertion selon laquelle Maurice « utilisait les Chagossiens et leur désir de retourner sur leur terre natale pour persuader cette cour d'établir des constatations sur une [question de souveraineté] »[14]. Juridiquement inane sur le fond et dépourvue de preuves, cette argumentation avait pour seul but de blesser, et elle y parvint parfaitement. « J'ai écouté l'Anglais, dans la traduction française, dit madame Élysé en réaction. Ça ne sentait pas bon. Je n'ai entendu que des mensonges. »

Une journée à la Cour peut paraître longue, avec ses plaidoiries qui se succèdent sous les larges vitraux lumineux, un cadeau de la Grande-Bretagne lors de la construction du palais de la Paix. La clarté inondait les juges, mais leur visage était indéchiffrable. L'un d'eux se rencogna dans son fauteuil, un autre mit de l'ordre dans ses documents. Un mémo circula parmi les magistrats. Le juge italien, Giorgio Gaja, toussa puis posa une question extrêmement lourde de sens : « Quelle est la pertinence du désir exprimé par la population d'origine chagossienne ? » Cette question, peut-être la seule posée par un juge de la CIJ à figurer dans un roman (*Diego Garcia*, de Natasha Soobramanien et Luke Williams, mai 2022), visait le cœur du principe de l'autodétermination : quel est le peuple qui a le droit d'exprimer son point de vue sur son propre avenir ? Elle semblait reposer sur une idée selon laquelle les points de vue de la diaspora n'étaient pas uniformes, pointaient dans des directions variées. C'était aussi un moyen d'obtenir un engagement permettant d'assurer que le point de vue des Chagossiens – où qu'ils soient dans le monde – serait pris en compte afin de déterminer les conditions d'un retour futur et qu'il devait présider aux décisions qui seraient prises quant à l'organisation de la vie aux Chagos, une fois le retour effectué.

Le mardi matin, à l'extérieur du palais de la Paix, un petit groupe de manifestants se réunit. « Nous sommes des Chagossiens de Crawley, dans la banlieue de Londres, nous dirent-ils, mais on ne peut pas entrer. » Les Britanniques ne les avaient pas invités dans leur délégation, pas plus qu'ils ne leur avaient proposé une aide pour obtenir des badges d'entrée. Pouvions-nous les aider ?

L'Afrique du Sud ouvrit les débats au matin du deuxième jour. En tant qu'ancienne colonie, le pays avait une certaine connaissance du colonialisme, des déplacements forcés et de leurs effets dans la durée. « Des milliers de personnes déplacées de force ont péri dans des camps de concentration en Afrique du Sud, déclara l'avocat aux juges, une politique de la terre brûlée menée par les Britanniques qui a forcé des communautés entières à quitter leur foyer "au motif de leur race". La semi-liberté, cela n'existe pas, conclut-il, la décolonisation n'est jamais partielle. » C'était une citation de Mandela, dont le buste se dressait à l'entrée de la grande salle[15].

Ainsi se poursuivirent les interventions, sur trois jours supplémentaires, comme une rivière qui suit son cours, inexorablement[16]. L'Allemagne espérait que la Cour livrerait un avis mais n'irait pas trop loin dans sa décision. L'Argentine se déchaîna à cause des Malouines. L'Australie, qui était elle-même une ancienne colonie britannique, présenta tous les symptômes du syndrome de l'enfant abusé, de la victime se faisant coupable et criminelle, pressant la Cour de rejeter l'affaire. Le Belize, le Botswana et le Brésil offrirent un soutien vigoureux à l'achèvement du processus de décolonisation, tout comme le fit Chypre, membre de l'Union européenne, héritière de sa propre histoire coloniale et abritant encore contre son gré des bases militaires britanniques.

Le mercredi, les représentants des États-Unis s'exprimèrent à leur tour. On avait beaucoup évoqué le « long et difficile » processus de décolonisation, déclara le conseiller juridique du département d'État au nom de l'administration de M. Trump, et les « souffrances » endurées par les Chagossiens, mais il ne manifesta aucun regret quant au rôle que son pays avait joué dans l'histoire. Aucune allusion ne fut faite aux valeurs défendues par le Président Roosevelt dans la charte de l'Atlantique, pas plus qu'à l'héritage de Ralph Bunche, tout cela était perdu. Les îles Marshall et l'Inde suivirent, affichant un soutien puissant pour Maurice, puis ce fut le tour d'Israël, prise dans ses propres problématiques de personnes déplacées et de droit au retour, apparaissant pour la première fois depuis des dizaines d'années et décidée à s'exprimer en faveur de la Grande-Bretagne. L'après-midi fut riche en interventions en faveur de notre cause, de la part du Kenya, du Nicaragua et du Nigeria, puis, à la fin de la journée, le juge brésilien posa une question qui nous parut encourageante, concernant certains effets de la résolution 1514.

Le dernier jour, des représentants de la Serbie, de la Thaïlande et du Vanuatu prirent la parole, puis le procureur général de la Zambie s'adressa à la Cour. Il était resplendissant, vêtu de ma robe et coiffé de ma perruque, mal ajustées, qu'il m'avait empruntées parce qu'il avait laissé les siennes à Lusaka. L'Union africaine fut la dernière à parler, avec force et élégance. « Pas un seul État n'a plaidé contre les principes légaux de la décolonisation et de l'autodétermination », dit son représentant aux juges. Par sa voix, l'Union déclara que, pendant des décennies, la Cour avait « entendu un pays colonisateur et ses alliés défendre la colonisation ». Elle termina par un éloge des Chagossiens et de madame Élysé, qui était « la voix de l'Afrique »[17].

Le verdict

On ne peut jamais vraiment savoir comme s'est passée une audience, ni prédire quelle en sera l'issue. Avec les années, j'ai développé un sixième sens, qui se nourrit des variations dans l'atmosphère de la grande salle, des conversations avec les collègues et les observateurs, de l'attention que je porte au langage, y compris non verbal, des juges. Nous avions travaillé en étroite collaboration avec nos alliés, nous réunissant chaque soir après la journée passée à la Cour, afin de comparer nos notes sur les plaidoiries, les oublis à combler, les différents points soulevés par nos opposants et auxquels nous devions trouver une riposte. Il y avait eu des hauts et des bas, et beaucoup de spéculations, cependant le sentiment général ne penchait pas vers le pessimisme. Les Britanniques bénéficiaient de peu de soutien parmi les indépendants, et les quelques questions que les juges nous avaient adressées n'avaient pas semblé hostiles. Mais on ne peut jamais savoir.

Un collègue prépara une note résumant ce qui s'était passé. Deux pays soutenaient la Grande-Bretagne et les États-Unis. Quarante-trois avocats s'étaient adressés à la Cour, dont deux femmes, un progrès notable depuis les cinq dossiers successifs de l'Afrique du Sud-Ouest soumis à la Cour entre 1950 et 1971, époque durant laquelle aucune femme n'était présente dans la cohorte des dizaines de juges et d'avocats. Dans l'affaire des Chagos, une courte majorité de ceux qui s'étaient adressés à la Cour étaient blancs, car elle avait été prise en main par des avocats noirs, hispaniques, asiatiques et issus des pays arabes[18]. Lentement, très lentement, pourrait-on dire, le monde du droit international se décolonisait.

Après la série d'audiences, les équipes se séparèrent. Madame Élysé et les Chagossiens firent le long voyage de retour vers Port Louis, avec sir Anerood, tandis que nos avocats repartaient chez eux, à Londres, à Washington ou à Montréal. On décampe rapidement après qu'une audience a pris fin. À mesure que les jours et les semaines passaient, il m'arrivait de me demander où en était la Cour et à quelle conclusion elle parviendrait. Ma belle-mère espagnole me dit souvent qu'il est inutile de se faire du souci, car l'inquiétude ne se porte jamais sur le bon objet. C'est un conseil plein de sagesse.

La délibération prend en général six mois. Durant cette période, les juges se réunissent, sous la houlette du président, échangent des idées et des notes, des ébauches écrites émergent, et des opinions séparées ou dissidentes sont consignées[19]. Le processus est confidentiel. Il n'y eut ni fuites, ni informations susceptibles d'être interprétées ou partagées.

Les nouvelles arrivèrent en début d'année, de façon informelle d'abord, transmise par le greffier de la Cour à l'ambassadeur Koonjul, puis par le biais d'un communiqué de presse. Une audience publique aurait lieu le 25 février 2019 à 15 heures à La Haye, au cours de laquelle « le juge Abdulqawi Ahmed Yusuf, président de la Cour, lira[it] l'avis consultatif ».

Toutes les affaires dans lesquelles je plaide m'importent, mais celle-ci était différente, parce qu'elle pénétrait au cœur même de la notion de système judiciaire, illustrant la façon dont l'état de droit protège les plus faibles et les plus vulnérables des excès des puissants. En 1945, la Grande-Bretagne et les États-Unis s'étaient engagés au respect d'un ordre international fondé sur certaines règles. Ils s'étaient ralliés à la vision que Ralph Bunche avait de la décolonisation et des droits de l'homme, puis ils avaient réduit en miettes leurs propres engagements.

Nous fîmes le voyage vers La Haye la veille de l'audience pour pouvoir rencontrer l'Union africaine et les pays qui nous soutenaient. Comme pour les autres affaires, nous préparâmes trois communiqués de presse différents, afin de pouvoir parer à toute éventualité : le triomphe, la catastrophe, et quelque chose se situant à mi-chemin entre les deux. L'intérêt des médias était intense.

Au matin de l'audience, j'allai courir près de la mer, aux alentours de Scheveningen jusqu'à la jetée, puis je me rendis au café BijClarence sur Piet Heinstraat pour déguster un toast beurré, un jus d'orange et le meilleur café de La Haye. Nous finalisâmes les communiqués de presse, nous assistâmes à plusieurs réunions avec des alliés et, après un déjeuner de sandwichs sur le pouce, nous rendîmes à la Cour, toute proche à pied. Le soleil brillait sur le palais de la Paix, à 14 heures, quand je retrouvai madame Élysé. « Une jupe rouge ? » m'exclamai-je.

Elle hocha la tête en souriant. « Ce n'est pas un signe d'optimisme, dit-elle, pendant ce voyage, j'ai été très angoissée ! Je crois que nous pouvons perdre aussi bien que gagner, mais je suis tellement angoissée ! » Je comprenais, me préparant moi-même toujours au pire, en prévision de la douleur amère que cause la déception.

Madame Élysé était assise au premier rang, Olivier Bancoult d'un côté et moi de l'autre. Un sac à main était niché sur ses genoux, elle tenait ses doigts fermement croisés. Sur mon téléphone, nous regardâmes des images de Maurice : ses amis et les femmes des Chagos réunis devant un écran de télévision dans le centre communautaire.

La grande salle de justice était bondée. À 15 heures, la petite porte située juste à notre gauche s'ouvrit.

« La Cour ! »

Les juges firent leur entrée, tout le monde se leva. Les quatorze magistrats gagnèrent le banc, dans un ordre impeccable. « Asseyez-vous, je vous prie », dit le président Yusuf, dont les yeux semblèrent scruter l'ensemble de la salle. Rencontra-t-il le regard de madame Élysé ? Avait-il repéré le conseiller juridique du ministère des Affaires étrangères, retiré dans un coin éloigné, presque hors de vue ? Le président s'assit. « L'audience est ouverte. » Il se mit à lire, et ce fut comme une incantation rythmique, il hochait la tête, baissant le regard, puis levant les yeux pour observer tout autour de lui. À ce stade dans une affaire, les sentiments d'attente et d'inquiétude, et même d'excitation, vous terrassent. « La Cour est rassemblée aujourd'hui pour livrer un avis consultatif… sur la décolonisation de Maurice. » Le nom du pays fut prononcé avec une immense douceur et une légère inflexion somalienne, qui détourait chaque mot.

Une centaine d'yeux, au moins, et autant d'oreilles étaient en alerte dans la grande salle, espérant découvrir un indice du dénouement. La lecture était méthodique et attrayante, progressant pas à pas, indiquant la façon dont la Cour, pour atteindre sa conclusion, devait entreprendre une traversée de l'histoire, du temps et de l'espace, sans oublier de s'arrêter sur chaque fait et sur chaque point de droit.

La Cour avait compétence juridictionnelle. L'observation de l'Australie était donc écartée.

Il n'y avait aucune raison majeure pour décliner d'exercer cette compétence, la Cour disposait du matériel nécessaire sur les faits. C'était à l'Assemblée générale de décider si les questions étaient utiles ou non, pas à la Cour. Les questions qui avaient été traitées par le tribunal d'arbitrage au sous-sol de l'Hôtel Pera Palace étaient différentes, si bien que le principe de *res judicata*, de l'autorité de la chose jugée, qui empêche que l'on revienne sur un jugement, ne s'appliquait pas.

Le colonialisme était un « cadre plus vaste » de référence et « inséparable » de la question du territoire, la Cour pouvait se prononcer sur les deux. « La Cour ne peut en aucun cas refuser de donner un avis. »

Les juges suivaient sur un texte imprimé tandis que le président parlait : ils avaient sous les yeux des exemplaires qui ne nous avaient pas été distribués. Ils savaient vers quoi on s'acheminait, nous l'ignorions. La lecture d'une décision de justice est insoutenable. La Cour avait écarté toutes les objections juridictionnelles. Pourquoi l'aurait-elle fait si elle ne voulait pas se prononcer sur le fond ? « Ne brûle pas les étapes », me dis-je à moi-même. Mon anxiété s'était entièrement concentrée dans ma main gauche, qui, loin des regards, s'était glissée sous la table pour serrer la main droite de madame Élysé. Notre étreinte était ferme.

Le président Yusuf en vint aux faits, tels que la Cour les avait découverts, dans leur vérité juridique, qui n'est pas forcément la vérité. Les Britanniques et les Américains, après avoir discuté, étaient parvenus à un « accord », puis il y avait eu la séparation, et enfin l'indépendance. Les Chagossiens quittèrent l'île, ou furent « interdits de retour », ou furent « déplacés de force ». Ces mots étaient véhéments, « déplacés de force », c'était autre chose que « quittèrent l'île ». Regret.

Honte. Tort. Compensation. L'empreinte d'un pouce sur un morceau de papier. Interdits de retour.

Puis vint la première question. Le processus de décolonisation avait-il été validement mené à bien au regard du droit international? Cela dépendait du contenu et du périmètre de la loi, du droit à l'autodétermination après 1846 et entre 1965 et 1968. Le président livra une synthèse historique à grands traits: la Charte des Nations Unies, l'autodétermination, le chapitre XI, l'héritage de Ralph Bunche, bien que son nom ne fût pas mentionné. La résolution 1514 marquait un «tournant décisif», dit-il, susceptible de tout «clarifier».

Nous commencions à espérer. Il poursuivit. La résolution 1514 n'était pas contraignante en elle-même, bien sûr, mais elle avait une «valeur normative». Elle ne contribuait pas à créer une nouvelle loi, elle en entérinait une déjà existante. La résolution 1514 reflétait une loi du droit coutumier, une loi contre laquelle personne n'avait voté.

Il lut le paragraphe 6 de la résolution: «Toute tentative visant à détruire partiellement ou totalement l'unité nationale et l'intégrité territoriale d'un pays est incompatible avec les buts et les principes de la Charte des Nations Unies.» Tandis qu'il parlait, je repensai à l'époque où ces lignes avaient été rédigées pour la première fois et me demandai qui les avait tapées, soixante ans plus tôt, pour les remettre à M. Boland, le diplomate irlandais. L'intégrité territoriale était un corollaire du droit à l'autodétermination, poursuivit le président Yusuf. L'avis consultatif donné en 1971 à propos du dossier de l'Afrique du Sud-Ouest n'avait fait que «consolider» la loi. La séparation effectuée par le colonisateur devait être fondée sur un «souhait véritable et librement exprimé de la population du territoire concerné».

Le consentement avait-il été véritable et librement exprimé? Non. En 1965, les Chagos faisaient «clairement» partie intégrante de la colonie. Lorsqu'une partie d'une colonie était séparée dans le but de créer une nouvelle colonie, il était indispensable de s'assurer du consentement de la population, entièrement mauricienne, par «un examen minutieux». La lumière se braqua ensuite sur des événements londoniens, le désir d'Harold Wilson d'effrayer les Mauriciens «à coups d'espoir», la conférence de Lancaster House. La séparation des

Chagos « n'avait pas été fondée sur l'expression véritable et libre du souhait des populations concernées ».

Je sentis une pression sur ma main. Je me tournai vers madame Élysé et je croisai son regard dérouté. Elle n'était pas certaine de tout comprendre. Je lui expliquai à l'oreille, elle sourit, puis se concentra de nouveau sur le président, qui venait de conclure la première question. Il y a certains moments où, alors que l'on écoute, les mots semblent ricocher, comme lorsque le diamant du tourne-disque perd son sillon : « … séparation illégale… une nouvelle colonie… Territoire britannique de l'océan Indien… décolonisation… non accomplie selon la loi. »

Le président Yusuf aborda la deuxième question.

L'administration telle qu'elle avait été maintenue par la Grande-Bretagne était un « acte illicite ». Elle était hors la loi à l'époque des faits et elle demeurait hors la loi. La Grande-Bretagne devait mettre fin à son administration des Chagos « dans les plus brefs délais ». C'est à cette seule condition que le processus de décolonisation serait accompli. « Son territoire », martelait le président à propos de la relation de Maurice avec les Chagos. « Son territoire », « son territoire ». Les Chagos étaient et avaient toujours été partie intégrante de Maurice, disait-il.

Que restait-il ? La Cour passait le relais à l'Assemblée générale, qui devrait décider de la marche à suivre. Les États membres devraient coopérer avec les Nations Unies pour mettre en vigueur les modalités nécessaires.

Et les Chagossiens, alors ? « La réinstallation dans l'archipel des Chagos des nationaux mauriciens, y compris ceux d'origine chagossienne, [est] une question relative à la protection des droits humains des personnes concernées, qui devrait être examinée par l'Assemblée générale. »

Les mots mirent un moment à s'imprimer dans les esprits. Le greffier adjoint lut le résultat du vote à haute voix. La Cour était unanime sur la question de la compétence.

Deux juges avaient émis des opinions dissidentes quant à la possibilité de ne pas exercer cette compétence. Seulement deux.

Un seul juge avait émis une opinion dissidente concernant la conclusion selon laquelle la décolonisation n'avait pas été validement menée à bien.

Treize contre un. La seule opinion dissidente venait de la juge américaine.

Le président avait parlé pendant soixante-quatre minutes. La décision était claire, la conclusion sans ambiguïté, largement soutenue par tous les juges sauf un. La Cour s'était exprimée en faveur de Maurice et de madame Élysé. Le droit de retour était accordé. Les juges se levèrent pour quitter la grande salle de Justice.

*

* *

À l'extérieur, entre les bustes de Mandela et de Gandhi, régnait un raffut considérable, tandis que les membres du greffe distribuaient les copies imprimées de la décision des juges. Sans attendre, nous analysâmes les pages, les déclarations individuelles de six juges, une déclaration jointe de deux autres, les quatre avis séparés, l'unique opinion dissidente émise par la juge américaine. La Cour aurait dû exercer son droit de refuser d'exercer sa fonction judiciaire, écrivait-elle, mais elle n'exprimait pas de désaccord sur le fond et n'offrait aucun soutien à la position britannique. L'opinion dissidente ne concernait que la compétence, pas le fond, et elle ne suivait pas le juge Jessup sur ce point. Quelques jours plus tard, cette juge et moi assistions à la même conférence universitaire dans un lieu très éloigné de La Haye.

« Félicitations pour le résultat, dit-elle, vous devez être content.

– Nous le sommes. »

Oui, une fois de plus, je remarquai qu'elle ne disait rien du fond.

Sur les douze juges qui rédigèrent des opinions individuelles, sept mentionnèrent les Chagossiens. Le déplacement de force était « déplorable », avait écrit le juge chinois. Le juge français avait noté que les Britanniques n'avaient pas même pris la peine de justifier leurs arguments. Il était regrettable que la Cour n'ait pas évoqué le fait qu'une compensation devait être exigée, avait écrit le juge libanais.

Le souhait des Chagossiens était déterminant, avait dit le juge italien, avec ou sans compensation. La Grande-Bretagne devait « effacer » les conséquences du déplacement forcé, avait remarqué le juge ougandais. Les Chagossiens devraient avoir la possibilité de rentrer chez eux s'ils le souhaitaient.

Deux juges firent allusion au témoignage de Madame Élysé. C'était une « tragédie humanitaire » que la sienne, qui évoquait les tragédies grecques, nota le juge brésilien. Elle était telle Hécube :

> Moi aussi, j'ai été heureuse, et aujourd'hui je ne le suis plus,
> et toute ma prospérité, un seul jour me l'a enlevée*.

La Cour aurait dû mentionner le droit des Chagossiens à recevoir des réparations.

Le juge jamaïcain alla plus loin, replaçant les paroles de Madame Élysé dans un contexte historique plus large. Le déplacement de force était comparable à l'enlèvement et à la réduction en esclavage de millions d'Africains. Olivier Bancoult était un homme doué « de courage et de ténacité ». Il était tristement ironique que, deux cents ans après que ses ancêtres avaient été réduits en esclavage sur Peros Banhos pour travailler dans les plantations de cocotiers, Liseby Élysé se retrouve elle-même jetée comme une esclave dans la cale du *Nordvaer*. Comme il était tragique que son droit de retour, reconnu en appel par la cour anglaise en 2001, lui ait été dérobé par suite du vote d'un seul juge à la Chambre des lords. C'était là une tragédie humaine, de celles qui « n'avaient pas leur place au XXIe siècle ». Les avancées du droit international depuis 1945, fondé sur « la reconnaissance de la dignité inhérente à tous les membres de la famille humaine », auraient dû empêcher ce malheur. Combien il était ironique que les Britanniques aient été les artisans de ces lois nouvelles, qui aujourd'hui devaient tourner « à l'avantage des Chagossiens ».

Alors que la salle se vidait, madame Élysé, un sourire aux lèvres, ne se décidait pas à sortir. Elle se tenait tout près de son neveu, Olivier

---

* Euripide, *Hécube*, 284-285, trad. Nicole Loraux, Paris, Les Belles Lettres, 1999 *(NdT)*.

Bancoult. Alors que les appareils photo crépitaient, le greffier adjoint se dirigea vers nous.

« Je vous ai vus vous prendre par la main, dit-il avec un sourire.

– C'était un grand moment, répondis-je.

– Absolument.

– J'ai été surprise par le résultat, très surprise, mon émotion est très grande, lui dit madame Élysé. C'était le plus beau moment, ajouta-t-elle, s'adressant à moi. Mon témoignage a fait vibrer la Cour ; j'ai tenu votre main dans la mienne, et les juges l'ont vu. »

Retour à New York

La décision de la Cour fut largement diffusée. *La plus haute cour de l'ONU ordonne au Royaume-Uni de mettre fin à son administration des Chagos, « et vite ! »*, titra *AllAfrica*. *Al Jazeera* et *Voice of America* adoptèrent des titres semblables. L'affirmation de souveraineté sur les Chagos revendiquée par la Grande-Bretagne a été rejetée, écrivit *The Guardian*. La presse indienne salua les appels à une « décolonisation rapide », tout comme le firent les journaux chinois et russes. Le *Times*, à Londres, ne mâcha pas ses mots : « Le tribunal de l'ONU ordonne à la Grande-Bretagne de rendre l'archipel des Chagos. » Le Premier ministre Pravind Jugnauth applaudit cette « décision historique ». Maurice pouvait à présent retrouver « son intégrité », déclara-t-il, « et, quand cela arrivera, les Chagossiens et leurs descendants pourront enfin retourner chez eux ». Le *New York Times* fit état de la satisfaction de l'ambassadeur Koonjul à l'annonce de cette « décision très claire et quasiment unanime » et à la perspective des suites que ne manquerait pas d'y donner l'ONU[20].

La Grande-Bretagne fournit une réaction contenue. Trois jours passèrent avant qu'un ministre de second rang ne s'adresse au Parlement pour préciser qu'il s'agissait d'un avis consultatif et non d'un arrêt contentieux. Le gouvernement lirait cet avis et choisirait comment procéder[21]. Le mois suivant, le Premier Ministre britannique et son homologue mauricien se rencontrèrent au 10 Downing Street. M. Jugnauth écrivit plus tard à Theresa May : l'état de droit exige que l'avis consultatif soit « rapidement mis en œuvre », et Maurice a l'intention de proposer une résolution à l'Assemblée générale. Il réitéra le ferme engagement de Maurice à continuer d'accueillir la base militaire américaine à Diego Garcia et à permettre aux Mauriciens déplacés de retourner sur Peros Banhos et les autres îles. Maurice était prête à négocier un traité avec les Américains, et, s'ils souhaitaient jouer un rôle dans cette affaire, les Britanniques en avaient la possibilité.

La Grande-Bretagne décida de ne pas respecter l'avis consultatif. Cela devint clair à la fin du mois d'avril, lorsque Theresa May écrivit à son homologue, exprimant ses regrets que la question des Chagos ait été portée devant la Cour et établissant clairement qu'une fois encore la Grande-Bretagne ignorerait les résolutions des juges. « La souveraineté ne sera accordée que lorsque le Territoire britannique de l'océan Indien ne sera plus requis pour des raisons d'autodéfense », écrivit-elle, des mots qui évoquaient comme en miroir la réaction dédaigneuse de l'Afrique du Sud à l'annonce de l'avis consultatif que la Cour avait donné en 1971 sur la Namibie. Je m'assurai que le secrétaire d'État aux Affaires étrangères, Jeremy Hunt, avait été informé des deux options possibles : soit la Grande-Bretagne s'asseyait à la table des négociations avec Maurice et les Américains pour parvenir à un arrangement raisonnable sur la base de ce qu'avait édicté la loi, soit elle campait sur ses positions en s'accrochant au motif de la sécurité nationale. M. Hunt opta pour la seconde solution : la Cour s'était trompée, la Grande-Bretagne poursuivrait sa politique et, précisa-t-il, considérerait comme « très irritant » un nouveau recours à l'ONU.

Cette prise de position fut rendue publique. « Le Royaume-Uni respecte la CIJ », expliqua un ministre à la Chambre des communes, mais pas assez pour faire suivre d'effets un avis qui n'était que consultatif : « Nous ne partageons pas l'approche de la Cour[22]. » Le chef de l'opposition travailliste exprima son désaveu face à un mépris pareil pour le droit international[23]. « Aller ainsi contre un avis consultatif ne manquera pas d'antagoniser le continent africain dans son entier et des dizaines d'autres pays », écrivit-il, et il affirma que son parti, quant à lui, respectait la décision de la Cour dans sa totalité et qu'il s'engageait à « s'assurer que les Chagossiens puissent retrouver leur foyer ».

La réaction de la Grande-Bretagne renforça la résolution de faire encore avancer les choses à l'ONU. L'ambassadeur Koonjul consulta les membres du Groupe des États d'Afrique ainsi que d'autres pays et, quant à nous, mes collègues et moi-même, nous fûmes mandatés pour préparer une résolution. Tandis que la Grande-Bretagne exerçait des pressions de toutes parts, avec le soutien des États-Unis, sa nouvelle représentante permanente, Karen Pierce, ressassait les mêmes arguments que ceux qui avaient été rejetés deux fois, une première par l'Assemblée générale et une seconde par la Cour: aucun doute sur la souveraineté, différend bilatéral, etc. Alors qu'elle essayait de convaincre des pays de voter contre la résolution, elle dut se rendre compte de la faiblesse de ses justifications face à la clarté avec laquelle la Cour s'était exprimée. Lors de conversations bilatérales, elle eut recours à d'autres arguments, dont certains étaient pour le moins surprenants. « Nous avons besoin de garder le contrôle pour des raisons de sécurité, aussi bien la vôtre que la nôtre, expliqua-t-elle à l'ambassadeur Koonjul. Et si nous subissions une attaque extraterrestre ? »

« Elle plaisantait ? suggérai-je à l'ambassadeur lorsqu'il me rapporta ces paroles.

– Croyez-moi, elle ne plaisantait pas du tout, répondit-il instantanément. Elle était on ne peut plus sérieuse ! »

Le Sénégal fit circuler l'ébauche de résolution, un préambule comportant huit paragraphes accueillant l'avis de la Cour, affirmant que les Chagos étaient une « partie intégrante » de Maurice et appelant à la réinstallation des Chagossiens « de toute urgence ». La Grande-Bretagne devait « mettre fin à son administration coloniale » dans les six mois et ne « faire aucun obstacle » au retour des anciens habitants. Les États membres, les organismes spéciaux de l'ONU et toutes les autres organisations internationales devaient reconnaître les Chagos comme faisant partie de Maurice et ignorer toutes les mesures prétendument prises au nom du Territoire britannique de l'océan Indien.

Le 22 mai 2019, le Sénégal et le Venezuela ouvrirent le débat, s'exprimant au nom du Groupe des États d'Afrique et du Mouvement des non-alignés. Le Premier ministre Jugnauth fut le troisième à prendre la parole. Voter contre la résolution reviendrait à promouvoir le colonialisme, dit-il, ajoutant que l'expulsion forcée des Chagossiens était

« de l'ordre du crime contre l'humanité ». C'était la première fois qu'un dirigeant mauricien établissait cette comparaison, soigneusement formulée sur la base de l'expression adoptée par la Cour au sujet du « déplacement de force » des Chagossiens. Ces mots faisaient écho au statut de « crime contre l'humanité » que la Cour pénale internationale avait accordé au « déplacement forcé » de populations[24].

Dans le but d'obtenir des votes contre, l'ambassadrice britannique évoqua le rôle vital des Chagos dans le cadre de l'aide humanitaire, de la recherche maritime, des secours et de la sécurité en mer, passant sous silence le rôle qu'avait joué Diego Garcia dans les extraditions et la guerre en Irak. La Grande-Bretagne ne doutait nullement de sa souveraineté – quant à l'ambassadrice elle-même, beaucoup se posaient la question – et considérait que la séparation s'était faite sur la base d'un accord, même si la Cour avait établi le contraire. C'était comme si l'ambassadrice britannique n'avait pas lu la décision de la Cour. Des regrets furent de nouveau exprimés quant à la « façon » dont les Chagossiens avaient été déplacés, mais pas sur le fait lui-même ni sur la volonté exprimée par la Grande-Bretagne de maintenir cette situation d'exil. La Grande-Bretagne avait à cœur d'améliorer leur quotidien, grâce à des sommes versées et peut-être de brèves visites dans leur ancien foyer. Mais un retour véritable ? Pas question. Ils pouvaient bénéficier de visites patrimoniales, mais rien de plus. Et l'ambassadrice précisa qu'elle était particulièrement mécontente de la référence au « crime contre l'humanité ». « Allégation gravissime… une façon totalement erronée de voir les choses… pourvu qu'on ne répète jamais cela », prévint-elle. Comme je l'écoutai, me revint en mémoire la façon dont, quand j'avais six ans, je me faisais gronder par la directrice de mon école, Mme Brewster, qui portait des sandales marron, même en hiver, et était mariée avec le colonel Brewster, qui avait une grosse moustache et dont on disait qu'il avait combattu dans la guerre des Boers.

Deux pays s'exprimèrent en faveur de la Grande-Bretagne : les États-Unis, qui avaient un intérêt dans l'affaire, et les Maldives, pour des raisons absolument obscures. Durant des années, Maurice avait cherché à négocier une frontière maritime avec ses voisines de l'océan Indien, mais le nouveau représentant permanent désigné par les Maldives évoqua des inquiétudes énigmatiques liées au fait que la résolution risquerait de créer une ambiguïté en matière de droits maritimes pour le pays.

Une série de pays s'exprimèrent en faveur de la résolution, mus, sans le moindre de doute, par des ressorts anticoloniaux, certains faisant des allusions à peine voilées à leur propre situation : le Nicaragua et la Syrie, puis l'Argentine, qui établissait un lien évident avec les Malouines. Chypre, parce qu'elle espérait que l'on « s'éloigne du paradigme colonial », le Mexique et l'Uruguay en tant que partisans de l'état de droit. La Namibie espérait entendre sonner le glas du colonialisme, l'Afrique du Sud voulait voir s'éteindre un monde qui « considère que certaines personnes ont plus de valeur que d'autres ». L'Égypte, le Botswana, le Lesotho, le Zimbabwe et Madagascar étaient favorables, et les Seychelles remarquèrent que le fait de « faire son marché » parmi les avis consultatifs pour choisir ceux qui nous conviennent – comme dans une sorte de droit international *à la carte* – n'était pas envisageable.

L'Inde mit fin au débat avec l'autorité d'une ancienne colonie familière des largesses de la Grande-Bretagne, un colonisateur qui aimait « diviser pour mieux régner », semant après lui le désordre et le chaos. L'ambassadeur indien parla avec tristesse, en balayant un à un les arguments de l'ambassadrice britannique. Un différend bilatéral ? Non. Un consentement obtenu ? Non. Des inquiétudes quant à la sécurité ? Non.

Le fracas du pouvoir qui change de camp trouva un écho dans le scrutin : plus de vert encore que deux ans auparavant. Il n'y avait plus à présent que quatre îlots de dissension, clignotant en rouge, pour soutenir Londres et Washington : la Hongrie, Israël, les Maldives et l'Australie. Le nombre des partisans de la résolution 73/295 s'éleva à cent seize, dont l'Irlande et plusieurs autres membres de l'Union européenne[25]. « Qu'auraient pensé de cela M. Bunche et M. Boland », me demandai-je en regardant l'écran virer au vert.

« Embarrassant », écrivit le *New York Times*. Tandis que les journalistes taillaient leurs crayons, l'ambassadrice britannique ramassait les morceaux, expliquant dans une déclaration à la presse le vote de son pays. Épuisée et recroquevillée, les yeux humides, elle tenait un paquet de feuilles mais, faute de discours adéquat, elle décida de ruser. La Grande-Bretagne est très attachée à l'autodétermination, déclara-t-elle, en réponse à l'allusion de l'Argentine aux Malouines, mais on ne pourrait ouvrir le dialogue concernant la souveraineté que lorsque les habitants des Malouines en émettraient le souhait. Comment ne pas ressentir, ne serait-ce que l'espace d'un instant, de l'empathie pour une diplomate, aussi distinguée qu'elle, placée par son gouvernement dans une position aussi inconfortable, au moment où nous saisissions la portée de ses paroles ? Une règle pour les habitants blancs des Malouines, et une autre pour les Chagossiens noirs, c'est ce que nous fûmes nombreux à entendre dans ses propos[26].

Épilogue : *Bleu de Nîmes*

Peros vert, Peros vert, so pep noir,
nou pep noir, nou pep noir, noune déraciné.

Ton Vié, 2002

Février 2022

Nous sommes vingt-cinq sur la jetée du port de l'île de Mahé, les yeux rivés sur l'océan Indien. Mené par l'ambassadeur Koonjul, le groupe comprend des océanologues, des journalistes, des avocats, des universitaires, originaires de huit pays différents, et cinq Chagossiens. Liseby Élysé est là, avec Olivier Bancoult, son neveu, et trois autres comparses : Marcel Humbert, son ami d'enfance, originaire de l'île du Coin, Rosemonde Berthin, qui a passé les dix-sept premières années de sa vie sur les îles Salomon, et Suzelle Baptiste, arrachée à Diego Garcia en tant que « main d'œuvre contractuelle » alors qu'elle n'avait que onze mois à l'époque. Sur les cinq, seul Marcel n'était pas à La Haye pour les audiences.

Nous sommes arrivés aux Seychelles pour embarquer vers les Chagos à bord du *Bleu de Nîmes*, un ancien dragueur de mines de la Royal Navy, à 1 600 kilomètres à l'est. Le voyage allait durer cinq jours, et plus encore au retour (nous espérions pouvoir partir des Maldives, mais le gouvernement nous refusa la permission, et un départ de Rodrigues à Maurice fut rendu impossible par un cyclone tropical).

Sur place, nous allions procéder à une étude scientifique du récif Blenheim afin d'estimer si une partie de l'atoll est découvrante, c'est-à-dire située au-dessus du niveau de la mer. L'information sera utilisée pour déterminer le tracé de la future frontière maritime entre les

Chagos et les Maldives. Nous visiterions les îles Salomon, à 16 kilomètres à l'ouest de Blenheim, et Peros Banhos, à 48 kilomètres plus à l'ouest. Ce voyage serait historique, car ce serait la première visite organisée par Maurice, le premier retour des Chagossiens sans escorte britannique, la première visite à inclure des journalistes anglais. Et ce serait aussi ma première visite, plus de dix ans après que j'ai été contacté par Maurice et que je me suis entendu dire par la Grande-Bretagne et les États-Unis qu'un recours au droit international pour mettre fin à la tutelle coloniale de ce territoire était « sans espoir ».

*

* *

Alors que nous nous préparons à partir, trois ans se sont écoulés depuis que la Cour de La Haye a jugé que l'archipel des Chagos faisait partie intégrante de Maurice et que la Grande-Bretagne devait mettre fin à son occupation illicite. L'Assemblée générale avait déterminé que cela devrait avoir lieu avant la fin 2019, mais la date n'a pas été respectée, ignorée par la Grande-Bretagne. Londres a campé sur ses positions, produisant un chapelet de mémos diplomatiques, de communiqués de presse et de réponses à des questions parlementaires, qui commençaient invariablement par les mêmes mots : *Le Royaume-Uni n'a aucun doute quant à sa souveraineté sur l'archipel des Chagos, qui a été sous administration britannique depuis 1814. Maurice n'a jamais exercé cette souveraineté et nous ne reconnaissons pas sa requête*[1].

L'absence de doute est surprenante, dans la mesure où les Britanniques ont été incapables de convaincre les juges – pas même un – d'exprimer un soutien à cette soi-disant souveraineté sur l'archipel. Cela soulève de graves questions quant à l'engagement prétendu du pays par rapport à l'état de droit. Deux Premiers Ministres et cinq secrétaires d'État aux Affaires étrangères ont embrassé l'illégalité, pour des raisons obscures, espérant peut-être tenir le coup jusqu'à ce que le problème disparaisse de lui-même.

Mais le problème ne disparaîtra pas, pour la simple et bonne raison que ceux qui sont le plus directement affectés par l'obstination aveugle de la Grande-Bretagne ne le permettront pas. Cela m'apparaît clairement quand je me rends à Crawley, près de l'aéroport de Gatwick, pour passer du temps avec des Chagossiens vivant en exil en Angleterre. La décision de la CIJ ouvre la perspective d'un retour, tout en générant des ressentis très divers. Certains craignent que la diffusion d'informations concernant les mauvais traitements qu'ils ont subis et leur socle racial ne cause des réactions violentes. D'autres sont inquiets pour leur logement et leur emploi ; ils craignent d'être expulsés de Grande-Bretagne, car ils n'ont pas tous la nationalité britannique. D'autres encore ont peur que le retour aux Chagos ne soit synonyme de règles édictées par Port Louis, sans aucune autonomie réelle. Quelques-uns espèrent que les Chagos pourraient devenir un pays indépendant, même s'ils reconnaissent que leur taille et leur situation géographique, ainsi que le statut de partie intégrante de Maurice que leur a attribué le droit international rendent cela improbable.

« Nous voulons une certaine autonomie, explique l'un d'eux, Joseph Bertrand, afin de pouvoir décider pour nous-mêmes ce qu'il adviendra de notre territoire, de notre environnement et de notre culture. » Ils veulent un membre dédié au parlement de Port Louis, comme Rodrigues (l'île a un statut autonome au sein de Maurice, avec une assemblée régionale indépendante et son propre conseil exécutif). Ils ont raison d'être prudents et méfiants, étant donné les maltraitances passées et présentes, et d'insister pour qu'on les assure qu'ils seront pleinement engagés dans les prises de décision touchant l'avenir de leur terre natale.

Les points de vue sont nombreux au sein de la diaspora chagossienne et ils s'expriment souvent avec passion et énergie. Mais il est une perspective partagée par tous, c'est l'exigence tenace du droit de retour, aussi bien à Peros Banhos que sur les îles Salomon ou n'importe quelle autre île, s'ils le désirent, y compris Diego Garcia. « Pourquoi les Philippins, les Bangladais et les Mauriciens auraient-ils le droit de travailler sur la base militaire américaine, et pas nous ? » C'est une question légitime.

« Combien d'entre vous voudraient vraiment retourner aux Chagos ? je demande.

– Tous autant que nous sommes, répondent-ils. La Cour internationale de justice en a décidé ainsi, nous avons le droit de vivre là-bas, nous ne renoncerons jamais. »

Les Chagossiens que je rencontre à Maurice partagent le même sentiment. Suzelle Baptiste me fait visiter le centre qui accueille le groupe des réfugiés chagossiens, sur les murs duquel sont accrochés les portraits de ceux qui sont morts avant que ne soit exaucé leur vœu le plus cher, leur rêve, celui de retourner chez eux. Le bâtiment coloré et d'agréables proportions, avec ses fresques pleines d'espoir, abrite un musée modeste et très touchant. La collection comprend une malle en bois, semblable à celle que Liseby emporta en quittant Peros Banhos, avec l'intérieur tapissé de pages de vieux journaux anglais datant des années 1950, et d'autres curiosités : un outil servant à gratter l'intérieur des noix de coco, un fer à repasser en fonte, un sarcloir, un tambourin, de nombreux coquillages et un petit bol rempli du sable le plus fin et le plus blanc que j'aie jamais touché, du sable de Peros Banhos. C'est aussi là que se trouve le bureau d'Olivier Bancoult, avec ses murs décorés de nombreuses photos : Olivier avec Nelson Mandela (« la lutte continue ! », lui avait dit le Président sud-africain), avec le pape Jean-Paul II, avec de nombreux Chagossiens attendant sur la jetée à Port Louis lors d'une visite patrimoniale aux Chagos organisée en 2006 par les Britanniques.

Chez Liseby, à Port Louis, je déjeune avec sa famille et ses amis. Au menu, ragoût de poulpe, une délicieuse spécialité de Peros Banhos, servi avec de l'Eureka, un vin rouge local. Les décisions de la CIJ et de l'ONU ont aiguisé son optimisme et sa détermination. Elle s'illumine au souvenir des nombreuses audiences dans la grande salle, de l'arrivée des juges, menés par le président du tribunal, un homme noir originaire d'Afrique. « Il m'a regardée dans les yeux le premier jour, dit-elle. J'ai pensé : "Peut-être qu'il va faire quelque chose pour nous." J'ai senti quelque chose. » Et le jour du jugement ? « Quand on s'est assis, il m'a regardée encore, droit dans les yeux, et à la façon qu'il avait de me regarder, j'ai pensé : "Tout va bien se passer." » Les souvenirs font monter un sourire à ses lèvres, et une question à son esprit : « Est-ce que Londres va changer d'avis ? » Oui, mais pas tout de suite. Quand on campe sur ses positions on fait comme si de rien n'était jusqu'à ce que se présente une occasion de retourner sa veste sans perdre la face.

Une compagnie bahreïnienne de télécommunications nommée Sure continue de proposer des services de téléphonie et d'Internet dans la région des Chagos (sans autorisation de Port Louis, et donc illégalement au regard de la loi mauricienne[2]).

Sportsbet.io, une entreprise de Paris, et bien d'autres firmes encore, conservent leur nom de domaine en *.io*, réservé au Territoire britannique de l'océan Indien, avec le soutien de la Grande-Bretagne, mais sans l'autorisation de Maurice[3]. Le gouvernement britannique nie en tirer un bénéfice financier. La Pobjoy Mint, une entreprise familiale sise dans le sud de l'Angleterre, continue de frapper une monnaie BIOT[4] (Territoire britannique de l'océan Indien). L'année dernière elle a produit une nouvelle pièce toute brillante de cinquante pences, avec le poisson-clown des Chagos d'un côté, et la reine de l'autre. La célèbre Société zoologique de Londres (sous le patronage de Sa Majesté) promeut ses activités pour la conservation marine dans les Chagos et ses futures expéditions vers « l'un des environnements sous-marins les plus étonnants du monde[5] ». Son directeur général n'est autre qu'un ancien diplomate britannique. La MRAG, une modeste société britannique, contribue à la gestion de l'aire marine protégée des Chagos – pourtant déclarée illégale – par contrat avec le gouvernement britannique[6]. Son président s'avère être un ancien scientifique de haut vol travaillant pour le gouvernement britannique. C'est aussi le président de la Société zoologique de Londres.

Depuis Londres, ce genre d'activités et bien d'autres sont considérées comme légales et profitables. Cependant, le refus de reconnaître la souveraineté mauricienne ou le droit de retour des Chagossiens a un prix : la réputation de la Grande-Bretagne en tant que garante de l'état de droit international a volé en éclats. De plus en plus souvent et avec davantage de force, l'accusation de « crime contre l'humanité » est lancée, au motif de la déportation forcée dans les années 1960 et du refus actuel de faciliter le retour des personnes déplacées[7]. Les charges agacent les Affaires étrangères, qui se plaignent des notes verbales issues des milieux diplomatiques et des commentaires venant du haut-commissaire à Port Louis. Il existe cependant des fondements à ces condamnations : une décision récente prononcée par des juges à La Haye autorise le procureur de la Cour internationale de justice à enquêter sur le refus opposé par le Myanmar (ex-Birmanie) au retour des Rohingyas depuis le Bangladesh vers leur foyer d'origine, dans le cadre d'une suspicion de « crime contre l'humanité[8] ».

On remarque également que le soutien international dont bénéficie la Grande-Bretagne dans l'affaire des Chagos se limite à une poignée de pays : la Hongrie, Israël, les Maldives, l'Australie – avec son modeste contingent et un bureau de poste basés sur Diego Garcia – et les États-Unis, bien que la position de ces derniers apparaisse de plus en plus intenable. L'affirmation du Président Biden assurant que le respect de l'état de droit est l'une des « valeurs démocratiques les plus chères[9] » du pays – un bâton tendu pour battre la Russie (mise en cause pour son occupation de la Crimée et la guerre contre l'Ukraine)[10] et la Chine (pour son manquement au respect d'une décision de droit international en raison de ses activités illégales dans la mer de Chine méridionale)[11] – sonne creux. Le discours de la « non-intervention » permet à ces deux pays (la Russie et la Chine) de balayer toute critique : et les Chagos, alors ? Une règle pour vous, une autre pour nous ? Tandis que la Grande-Bretagne critique l'occupation illégale de l'Ukraine par la Russie, elle continue d'occuper illégalement une partie de l'Afrique.

Pour sa part, l'ONU met en pratique l'avis consultatif. Le premier pas a consisté à modifier sa carte du monde, qui représente dorénavant l'archipel des Chagos comme partie intégrante de Maurice[12]. L'Organisation pour l'alimentation et l'agriculture, une des institutions spécialisées de l'ONU, a rejeté la demande soumise par la Grande-Bretagne relative à un traité sur la pêche fondé sur sa prétendue souveraineté sur l'archipel des Chagos[13]. L'Union postale universelle, une autre institution spécialisée, a interdit l'usage de timbres émis par « le territoire connu autrefois sous le nom de Territoire britannique de l'océan Indien[14] ». Celui qui a été émis l'année dernière, représentant un scalaire royal et la reine, est inutilisable, ce n'est plus qu'un trophée de philatéliste.

D'autres organes de l'ONU suivront la même démarche, tout comme les autres gouvernements et les diverses organisations internationales. « C'est une affaire de temps, dis-je à Liseby, comme ce fut le cas pour l'Afrique du Sud et son occupation illégale de la Namibie. »

La CIJ donne aussi le *la* à d'autres cours à travers le monde. Après que les Maldives eurent voté contre la résolution de l'ONU en faveur de l'avis consultatif, Maurice les a invitées à délimiter les frontières maritimes avec les Chagos. Face au refus des Maldives qui s'appuyait sur la revendication de souveraineté britannique, Maurice les a poursuivies en justice devant le Tribunal international du droit de la mer sis à Hambourg. Les Maldives ont demandé au Tribunal de reconnaître qu'il n'avait pas compétence pour traiter cette affaire, car il faudrait pour cela qu'il prenne une décision concernant les droits d'un « État tiers indispensable » qui n'était pas partie prenante dans l'affaire. Cette objection ressortissait au principe de l'or monétaire, en référence à une décision de justice de la CIJ datant des années 1950[15]. Le TIDM a rejeté cet argument : le principe ne s'appliquait pas dans la mesure où le Royaume-Uni n'avait aucun droit ni revendication sur les Chagos et ne constituait donc pas une « partie indispensable », parce que les décisions de la CIJ étaient « d'autorité » et qu'elles avaient un « effet juridique » ; une conclusion renforcée par le fait que la Grande-Bretagne n'avait pas respecté la date imposée par l'Assemblée générale de l'ONU pour son retrait des Chagos[16]. À l'heure où j'écris ces lignes, l'affaire est plaidée devant le TIDM, qui aura pour mission de tracer les frontières maritimes. Les Maldives partageront une frontière sud avec Maurice et l'Afrique, et non avec la Grande-Bretagne.

La réaction à cette décision de justice est du pur *Alice au pays des merveilles*. Pour la Grande-Bretagne, le jugement sur la compétence du tribunal délivré par le TIDM est « sans effet », comme l'a expliqué un ministre au Parlement, qui avait donc toute latitude pour négocier de son côté une frontière maritime entre le Territoire britannique de l'océan Indien et les Maldives[17].

« Que peut-on faire ? demanda madame Élysé au cours de notre déjeuner, assise sur un canapé dans son ravissant salon rose, décoré de nombreuses photos de famille et d'un portrait de la reine d'Angleterre, pour laquelle elle avoue avoir un faible.

– La Grande-Bretagne finira par reconnaître les réalités politiques et légales, lui-dis-je. Maurice exercera sa souveraineté. J'ai l'espoir que ces deux pays entreront dans une relation stratégique à long terme, qui permettra de maintenir la base américaine sur Diego Garcia et d'autoriser les Chagossiens à retourner chez eux. Vous pourrez retourner à Peros Banhos, un jour.

– Je me sens *chagrin**, mais je continue d'avoir de l'espoir. (Elle s'interrompt un instant.) Les Anglais ? Ça fait mal de penser qu'ils nous ont tant maltraités, qu'ils continuent de nous faire souffrir. (Elle qui est toujours si pragmatique et honnête, elle ne comprend pas pourquoi ils ne voudraient pas l'aider à rentrer chez elle.)

– Un jour, nous irons ensemble, je vous le promets.

– Aaah, soupire-t-elle. Aaah. Ce serait bien. Ce serait vraiment bien. »

*

* *

* En français dans le texte.

À peine quelques semaines plus tard, la veille de Noël, je téléphone à Liseby pour lui annoncer que nous pourrons bientôt nous rendre ensemble à Peros Banhos. « Je suis excitée, me dit-elle, et émue aussi. »

Le voyage a été rendu possible par l'affaire contre les Maldives à Hambourg et la question de Blenheim portant sur la fréquence avec laquelle une partie du récif devient émergée. Maurice a dit au Royaume-Uni qu'elle procéderait à une étude scientifique du récif pour évaluer son éventuelle connexion avec les îles Salomon. Cela permettra de générer des informations susceptibles d'aider le TIDM à délimiter les frontières. Invité à confirmer qu'il n'empêchera pas cette étude – et menacé de poursuites judiciaires supplémentaires s'il manque à sa parole –, Londres accepte. Il n'opposera aucun obstacle à cette étude.

La protection offerte par la procédure lancée par le TIDM a permis à Liseby, ses quatre comparses chagossiens et moi-même de nous retrouver sur la jetée de l'île de Mahé pour embarquer ensemble à bord du *Bleu de Nîmes*. Trois jours durant nous avons célébré notre passage dans les eaux de Maurice, la zone économique exclusive qui s'étend à 200 milles à l'ouest de Peros Banhos. Étrangement, c'est à ce moment précis du voyage que le navire a perdu sa connexion Internet, les communications des passagers avec le monde extérieur se trouvant alors coupées. Le capitaine, Mascia Poma – l'une des rares femmes capitaines de la marine mondiale –, nous dit que cela ne lui était jamais arrivé auparavant. Heureusement, les journalistes ont des téléphones satellites et une parabole portable qui permet les retransmissions.

Le lendemain, à environ 12 kilomètres de Peros Banhos, Liseby, jumelles collées aux yeux, aperçoit son pays natal, la grève sableuse et les palmiers de l'île du Coin, le récif sur lequel viennent se briser les vagues. La proximité de la terre amène les oiseaux : frégates ariels, pétrels, labbes, sternes et un albatros.

Le capitaine Poma guide lentement le bateau dans l'étroit passage qui sépare l'île Poule et l'île Petite Sœur, jusque dans un lagon cristallin révélant plusieurs nuances de bleu et encerclé par un chapelet d'îles et d'îlots recouverts d'une végétation dense d'un vert profond. On manque de mots pour décrire la grandeur et la beauté de ce que nous voyons, un écosystème sublime dans son état naturel, identique à ce qu'il était en 1837, sur la carte préparée par l'Amirauté britannique. L'ancre est jetée à deux encablures de la plage ; Liseby, sur le pont, indique l'endroit où se trouvait sa maison autrefois. Son sourire est immense, ses yeux dansent. Deux bateaux plus petits sont mis à l'eau, et je me joins aux journalistes sur le premier à partir, pour pouvoir filmer le retour des Chagossiens sur une barge de débarquement amphibie, version modeste de celles qui furent utilisées pour le débarquement en Normandie, un pilote debout à la proue dirigeant l'embarcation parmi les rochers et les récifs coralliens couchés sur le sable du lagon. Nous accostons à proximité de ce qui reste de la longue jetée : on voit encore les rails rouillés et cassés et, sous l'eau, les roues des petits wagonnets. Olivier est le premier à descendre et se jette à genoux sur la grève ; Liseby se penche en avant pour prendre une poignée de sable qu'elle laisse couler entre ses doigts. Tous les cinq se mettent à prier en se tenant par la main. Et moi, avouons-le, je pleure.

Il y a beaucoup à faire. Menacée par l'érosion, une plaque de pierre célébrant la visite de 2006 est déplacée plus loin de la rive. Puis on se dirige vers les anciens bâtiments, en passant devant les puits, qui attestent la présence d'eau potable, et à travers la végétation dense, riche et humide, entre les jeunes cocotiers et les énormes feuilles tombées au sol. Nous passons un moment dans la petite église où Liseby, Marcel et Olivier furent baptisés, nous jetons les vieilles noix de coco ainsi que les feuilles de palmier séchées, taillant notre chemin dans les plantes, qui envahissent tout, pour révéler la courbe de la nef ; les murs de l'église sont solides, jaunis et

verdis par la moisissure tropicale. Juste en face se trouve la maison de l'administrateur, facilement reconnaissable, d'après la vieille photo que j'ai apportée avec moi, grâce aux deux colonnes de pierre qui encadrent l'entrée et les dix-huit marches de l'escalier qui y mènent.

Le premier étage en bois a disparu, effondré dans le bâtiment, ainsi que le toit en tôle ondulée rouge vif, réduit aujourd'hui à un tas de ferraille rouillée. Derrière la maison se trouve une cabane, le siège des toilettes en béton est préservé et sert d'abri à un énorme crabe des cocotiers irrité et sur la défensive. Les racines d'un gigantesque banian ont fait disparaître sous elles l'escalier en pierre, entouré de cinquante années de débris accumulés – poutres en décomposition, clôtures en métal, vieilles feuilles de cocotier desséchées. La nature a écrasé la civilisation coloniale.

Le lendemain, nous visitons l'île Boddam, qui fait partie des Salomon et où Rosemonde a vu le jour en 1954. Elle nous guide à travers la jungle pour nous montrer plusieurs bâtiments encore debout, bien que dépourvus de toits : la forge où le forgeron travaillait ; l'église, construite en 1935, où elle fut baptisée, avec un cadre de fenêtre en bois encore en place, deux morceaux de vitraux d'un vert vif ; la prison, pourvue de trois cellules. La visite se poursuit jusqu'aux vestiges de la crèche et la chambre d'hôpital dans laquelle elle a donné naissance à son premier enfant, William, en 1972, juste avant d'être déplacée de force. Plus tard, après une brève averse, nous trouvons, dans le cimetière, la tombe de madame Yvon Dyson, née Denise Rose, morte le 14 mars 1955 à l'âge de vingt-sept ans. « C'est la sage-femme qui m'a mise au monde, dit Rosemonde, mais elle est morte peu de temps après, pendant son accouchement. » Non loin, la tombe de madame William McIntyre, née Rachel Chauvin, épouse de l'administrateur de l'île, morte en 1923. Un peu plus loin, celle de Dookie, qui a quitté ce monde en 1880.

Plus tard, nous tombons sur une vieille pancarte en métal, peinte en rouge avec un cadre blanc. Signée de la main du représentant du commissaire au Territoire britannique de l'océan Indien, elle avertit les intrus qu'ils seront soumis à des poursuites judiciaires. Le panneau est décroché, souvenir d'un âge révolu, et peut-être destiné à finir dans un musée. Avant le départ a lieu une cérémonie impromptue, pour rappeler la mémoire des ancêtres, lors de laquelle le drapeau mauricien est hissé sur le vieux mât tout au bout de ce qui reste de la jetée.

Le troisième jour, nous retournons sur l'île du Coin. Une autre plaque est déposée, un autre drapeau est hissé, une nouvelle cérémonie a lieu, nous échangeons des paroles. C'est incroyable de penser que, sans trois tribunaux internationaux et la décision de deux douzaines de juges en matière de droit international, nous ne serions pas aujourd'hui sur Peros Banhos. Suit un déjeuner sur la plage, grâce à Marcel et Rocco, un membre de l'équipage italien, qui pêchent des crabes. Liseby s'assied sur le tronc long, mince mais solide d'un ancien palmier qui s'est couché au-dessus de l'eau turquoise. Elle se balance sur le tronc et rebondit en riant. « Comme quand je vivais là », dit-elle.

Après ça, elle dansera doucement, des heures durant, au son des rythmes amplifiés de ses chansons préférées, *Peros vert* et *Grand mama chagosian*, en harmonie avec Olivier, Marcel, Suzelle et Rosemonde, unis comme les doigts de la main. Dans l'après-midi, nous prenons un petit bateau pour nous rendre au cimetière à l'autre bout de l'île, qui fait un kilomètre de long sur quelques centaines de mètres de large : nous avons prévu de le nettoyer. L'endroit est tranquille, un des rares lieux à n'avoir pas été envahi par les palmiers, comme si les arbres avaient marqué un certain respect. Les pierres tombales datent du XIXe siècle et même d'avant, protégées par les restes d'un mur de pierre bas, séparé de la plage par une rangée de palmiers. La plupart des noms ont été effacés par le temps et l'humidité. Olivier trouve la tombe de son grand-père, Alfred Élysé, le beau-père de Liseby, qui a appris à Marcel à pêcher. Tous trois se mettent au travail, nettoient la tombe, déposent des fleurs fraîches et installent une petite croix en métal noir.

Le cimetière procure une impression d'ordre, de communauté et de continuité. C'est un lieu de mémoire et d'imagination, propre à souligner l'horreur du conseil donné par les avocats des Affaires étrangères signifiant à la Grande-Bretagne qu'elle pouvait agir comme bon lui semblait dans la mesure où Liseby et les autres habitants n'étaient que des saisonniers de passage, des gens qui n'avaient aucune « attache » sur les Chagos. Rien ne permet mieux d'en embrasser le caractère épouvantable et l'ampleur que de se trouver sur les lieux mêmes d'une tragédie.

Nous passons le quatrième jour à naviguer autour du récif Blenheim. Nous avons remarqué que deux navires nous filent depuis trois jours, de façon assez peu discrète, bien qu'ils aient éteint leurs lumières et leur système d'identification automatique (AIS). Mais tard dans la nuit, un membre de l'équipage, aux aguets, remarque que l'un des navires a brièvement rallumé son AIS, ce qui nous permet aussitôt de l'identifier comme le *Grampian Frontier*, un vaisseau battant pavillon britannique et loué à l'administration du BIOT.

Le capitaine Poma appelle le navire et, après un échange de salutations et de coordonnées, demande : « Que venez-vous faire aux Chagos ? » La radio VHF crachote puis une voix masculine teintée d'accent irlandais, peut-être nord-irlandais, répond :

« *Bleu de Nîmes*, ici *Grampian Frontier*, nous effectuons des patrouilles de surveillance des pêches dans le secteur.

– Merci, bonne patrouille, capitaine.

– Bien reçu, m'dame, à votre disposition, terminé. »

Ce court échange est intéressant. Il n'y a aucun autre navire sur un périmètre de plusieurs centaines de kilomètres carrés, et le nôtre n'est clairement pas là pour se livrer à une pêche illégale. La Grande-Bretagne, par ailleurs, n'a pas le droit, au regard du droit international, de patrouiller pour contrôler les activités de pêche dans les eaux territoriales de Maurice. Et, comme nous le fait remarquer astucieusement le capitaine Poma, en tant que rare femme capitaine dans le monde, on s'adresse toujours à elle en utilisant les termes *« captain »* ou *« sir »*, jamais « m'dame ». « Ils savent exactement qui nous sommes et ce que nous faisons ! dit-elle avec malice. C'est un jeu d'échecs. »

Le voyage se poursuit par une troisième et dernière visite sur le récif Blenheim. Il s'agit d'un vaste lagon sis dans le cratère d'un volcan éteint depuis longtemps, faisant deux fois la taille de la Cité de Westminster à Londres. Nous avons déjà eu l'occasion de repérer plusieurs baleines et de nombreux requins ; Marcel nous a mis l'eau à la bouche grâce à sa pêche dans le plus pur style artisanal depuis l'arrière du bateau, d'où il a remonté un thon, un mérou et trois vivaneaux rouges. Cependant rien ne nous euphorise autant, alors que nous faisons le tour de Blenheim, que la compagnie d'une dizaine de dauphins qui plongent en dansant dans et hors de l'eau, jouant avec nous et notre petit bateau.

À l'intérieur du lagon, les scientifiques suédois et mauriciens ont disposé des instruments de mesure pour évaluer la profondeur de l'eau, qui évolue au cours de la journée avec la montée et la descente des marées. Ils ont identifié plusieurs petits rochers qui pointent au-dessus de la surface à certaines heures et envoyé deux drones en reconnaissance sur tout le secteur afin de pouvoir établir une carte en trois dimensions. Ils cherchent à repérer le point le plus haut du récif et à savoir s'il est découvrant, autrement dit, s'il comporte une partie qui s'assèche à certaines heures du jour (ce qui permettra de déterminer l'étendue des droits de Maurice aux eaux adjacentes). Nous découvrons ce que nous cherchions, dans l'excitation générale, une étendue de sable assez importante ponctuée de petits rochers. Il est 6h30 du matin.

« On devrait y planter un drapeau ! suggère Ola Oskarsson, l'expert de la marine scientifique qui dirige l'expédition.

– Bonne idée », s'exclame l'ambassadeur Koonjul.

Dix minutes plus tard, Ola et Thomas sont de retour, vêtus de leur salopette blanche, bientôt rejoints par Rezah, trois scientifiques dans le petit canot pneumatique rouge qui traverse le récif en direction de la bande de sable. Les experts maritimes en établiront la localisation grâce à des instruments de précision, hisseront un nouveau drapeau, chanteront l'hymne de Maurice, prendront des photos. Ce sont les premières, pensons-nous, à avoir jamais été prises sur cet extraordinaire fragment de récif découvrant de l'océan Indien. « Une révélation », selon les termes d'Ola, en parfait accord avec son style relax.

C'était une belle façon d'achever nos cinq jours dans les Chagos, qui allaient être suivis par six journées de mer agitée, retardant notre retour vers les Seychelles. Ce voyage a permis de dévoiler le mensonge selon lequel l'archipel n'avait pas de population permanente dans les années 1960, aussi bien que celui qui prétendait qu'il n'était pas habitable de nos jours. Avec Marcel à nos côtés, nous aurions de quoi nous nourrir sur n'importe quelle île, et on s'y prendrait mieux que les Britanniques pour préserver les bâtiments historiques et les cimetières, et débarrasser les îles du plastique et des autres ordures ou débris qui s'accumulent aujourd'hui sur les Chagos.

J'éprouve de grandes difficultés à réprimer la fureur qui m'envahit quand je repense à tout le mal qui a été fait ici. Mais Liseby, elle, est aussi stoïque que d'habitude. Assise sur le pont du bateau avec Marcel, elle évoque leurs souvenirs d'enfance, les parties de cache-cache parmi les palmiers ou quand ils jouaient au papa et à la maman.

« Marcel était exactement le même. Il n'a pas changé. Toujours en train de faire quelque chose, occupé, occupé, occupé ! dit-elle.

– Et Liseby ? » je demande.

Marcel nous offre un sourire doux et magique qui éclaire entièrement son visage.

« La même. Toujours ronde, ronde, ronde. »

Il se lève, sort le ventre, se penche un peu pour se faire plus petit et s'éloigne en se dandinant et en sautillant. Nous éclatons de rire ; il pose sa main sur le front de Liseby, scellant une vie entière de tendresse.

« Je peux vous demander quelque chose ? fait Marcel.

– Bien sûr.

– Quand on passera devant l'île Poule, est-ce qu'on pourra s'arrêter juste une heure, pour que je puisse pêcher ?

– Oui, dit Liseby. C'est une bonne idée. Comme ça je pourrai m'asseoir à côté de toi. Ce sera bien. »

Une civilisation qui ruse avec ses principes est une civilisation moribonde.

Aimé Césaire, *Discours sur le colonialisme*, 1950

Notes

Les notes qui suivent ont été traduites par Cyprien Fluzin.

I. 1945 (p. 30-45)

1. Brian Urquhart, *Ralph Bunche : An American Odyssey*, W. W. Norton & Company, 1998, p. 115.
2. *Ibid.*, p. 121.
3. Ralph Bunche, « Trusteeship and Non-Self-Governing Territories in the Charter of the United Nations », *Department of State Bulletin*, vol. XIII, n° 340, 30 décembre 1945, p. 1037.
4. John Stuart Mill, *Considerations on Representative Government*, Parker & Bourne, 1861 ; *Considérations sur le gouvernement représentatif*, traduit de l'anglais par Patrick Savidan, Gallimard, 2009.
5. Vladimir Ilyich Lenin, *Lenin Collected Works*, vol. 20, Progress Publishers, 1972, p. 393-454.
6. Discours du Président Woodrow Wilson au Congrès des États-Unis, « Fourteen Points », 8 janvier 1918, disponible en ligne : https://millercenter.org/the-presidency/presidential-speeches/january-8-1918-wilsons-fourteen-points.
7. Arnulf Becker Lorca, « Petitioning the International: A "Pre-History" of Self-Determination », *European Journal of International Law*, vol. 25, 2014, p. 499.
8. « The Atlantic Conference & Charter, 1941 (Milestones : 1937-1945) », *Office of the Historian, US Department of State*, disponible en ligne : https://history.state.gov/milestones/1937-1945/atlantic-conf, consulté le 25 octobre 2019.

9. Theodore A. Wilson, *The First Summit: Roosevelt and Churchill at Placentia Bay 1941*, Macdonald, 1969, p. 122.
10. *Ibid.*, p. 13.
11. « The Talk of Town », *The New Yorker*, 27 mai 1944, p. 19.
12. Stefan Oeter, « Self-Determination », in B. Simma, D. E. Khan, G. Nolte et A. Paulus (éd.), *The Charter of the United Nations : A Commentary*, 3e édition, Oxford University Press, 2012, par. 5.
13. *Ibid.*
14. *House of Commons, Hansard*, 9 septembre 1941, vol. 374, col. 69.
15. Bonny Ibhawoh, « Testing the Atlantic Charter : Linking Anticolonialism, Self-Determination and Universal Human Rights », *International Journal of Human Rights*, vol. 18, 2014, p. 842.
16. Bonny Ibhawoh, *Human Rights in Africa*, Cambridge University Press, 2018, p. 130-131 (citant « Memorandum on the Atlantic Charter and British West Africa by the West African Press Delegation to the United Kingdom », *UK National Archives*, CO 554/133/3, 1er août 1943).
17. Nelson Mandela, *Long Walk to Freedom*, Abacus, 1994, p. 110 ; *Un long chemin vers la liberté*, traduit de l'anglais par Jean Guiloineau, Fayard, 1996.
18. Daniel Todman, *Britain's War : A New World, 1942-1947*, Allen Lane, 2020, p. 692.
19. James S. Sutterlin, « Interview with Alger Hiss », *United Nations Oral History Project*, 1990, accessible en ligne : https://digitallibrary.un.org/record/474711?ln=en, consulté le 1er novembre 2021.
20. *Ibid.*, p. 12.
21. *Requête Introductive d'Instance et Pièces de la procédure écrite, Affaire du Détroit de Corfou (Royaume-Uni c. Albanie)* [1949], Cour internationale de justice [ci-après CIJ], requête, mémoire britannique et annexes, p. 9.
22. Br. Urquhart, *Ralph Bunche*, *op. cit.*, p. 117-119.
23. S. Oeter, « Self-Determination », in B. Simma *et al.*, *The Charter of the United Nations : A Commentary*, *op. cit.*, par. 6.
24. Br. Urquhart, *Ralph Bunche*, *op. cit.*, p. 121.
25. Tribunal militaire international de Nuremberg (ci-après TMI) 2, p. 32.
26. *Ibid.*, p. 57.
27. Accord concernant la poursuite et le châtiment des grands criminels de guerre des puissances européennes de l'Axe et statut du tribunal militaire international, Londres, 8 août 1945, Nations Unies, *Recueil des traités*, vol. 82, nº 251, p. 279 (annexe), article 6(c).
28. TMI 2, p. 42.
29. TMI 3 (13e jour).
30. TMI 2, p. 105.
31. TMI 3 (12e jour).

32. *Ibid.*
33. Convention (IV) de Genève relative à la protection des personnes civiles en temps de guerre (12 août 1949, entrée en vigueur le 21 octobre 1950), Nations Unies, *Recueil des traités*, vol. 75, nº 973, p. 287, article 49(1).
34. Le Royaume-Uni signa la Convention le 8 décembre 1949 et la ratifia le 23 septembre 1957, « Signatures et ratifications de la Convention (IV) de Genève relative à la protection des personnes civiles en temps de guerre » : https://ihl-databases.icrc.org/applic/ihl/dih.nsf/States.xsp?xp_viewStates=XPages_NORMStatesParties&xp_treatySelected=380, consulté le 10 avril 2022.
35. Peter Pan, « The Challenge of University Education » [« Le défi de la formation universitaire »], *Mauritius Times*, 24 mai 1957.
36. Protocole nº 4 à la Convention de sauvegarde des droits de l'homme et des libertés fondamentales, reconnaissant certains droits et libertés autres que ceux figurant déjà dans la Convention et dans le premier Protocole additionnel à la convention, tel qu'amendé par le Protocole nº 11 (adopté le 16 septembre 1963, entré en vigueur le 2 mai 1968), STE nº 046, articles 3(1), 4.
37. État des signatures et ratifications du Traité 046 (CEDH, Protocole nº 4) (Conseil de l'Europe) : https://www.coe.int/fr/web/conventions/full-list?module=signatures-by-treaty&treatynum=046, consulté le 10 avril 2022.
38. Nigel Wenban-Smith et Marina Carter, *Chagos : A History*, Chagos Conservation Trust, 2016, p. 17-18 ; Nigel Wenban-Smith, *Conceicao History*, 2021, note au dossier de l'auteur.
39. Bernardo Gomes de Brito, *História Trágico-Marítima : Em que se escrevem chronologicamente os naufrágios que tiverão as naus de Portugal, depois que se poz em exercício a navegação de India,* 1735, Classic Reprint, vol. 1, Forgotten Books, 2018.
40. Peter Burroughs, « The Mauritius Rebellion of 1832 and the Abolition of British Colonial Slavery », *Journal of Imperial and Commonwealth History*, vol. 4, 1976, p. 243-265.
41. « Chagos and Peros Banhos », *Emily Grace*, 3 juin 2012, disponible en ligne : http://mvemilygrace.blogspot.com/2012/06/chagos-and-peros-banhos.html, consulté le 3 novembre 2021.
42. Sumathi Ramaswamy, *The Lost Land of Lemuria*, University of California Press, 2004, p. 233 (citant sir Hilary Blood, « The Peaks of Lemuria », *Geographical Magazine*, 29, février 1957, p. 516-522).
43. En novembre 2021, à Crawley, j'ai rencontré un [cousin] de Liseby, Joseph [Volly], qui m'a fourni un peu plus d'informations sur la famille (« mes grands-parents étaient nés à Peros Banhos, dans l'atoll des Six Îles, nos ancêtres étaient originaires du Mozambique, mon arrière-arrière-grand-père, je crois, un esclave, était venu pour travailler dans l'industrie du copra. Le père de Liseby était jardinier, il savait tout des plantes médicinales et aimait raconter des histoires »).

44. Fernand Mandarin, « Living Memories : A Worker's View of the 1950s », in N. Wenban-Smith et M. Carter, *Chagos : A History*, *op. cit.*, p. 422-444 ; voir également Mary Darlow, « Report by Public Assistance Commissioner and Social Welfare Advisor », Port Louis, *PRO*, CO 1023/132, 1953.
45. Fernand Mandarin, mémoires non publiés, mentionnés par Robert Furlong dans N. Wenban-Smith et M. Carter, *Chagos : A History*, *op. cit.*, p. 419.

II. 1966 (p. 49-74)

1. David Lowe, *Australian Between Empires : The Life of Percy Spender*, Routledge, 2010, p. 183-184.
2. Jean Spender, *Ambassador's Wife*, Angus & Robertson, 1968, p. 114, 136, 143 et 152.
3. *Ibid.*, p. 163 et 165.
4. *Ibid.*, p. 155.
5. Discours de Harold Macmillan aux membres des deux chambres du parlement de l'Union d'Afrique du Sud, Le Cap, 3 février 1960, disponible en ligne : https://web-archives.univ-pau.fr/english/TD2doc1.pdf, consulté le 1er novembre 2021.
6. Rapports du Comité spécial pour l'examen des renseignements transmis en vertu de l'article 73e de la Charte (1947-1951) : https://digitallibrary.un.org/search?ln=en&as=1&m1=e&p1=Report+of+the+Special+Committee+on+Information+Transmitted+under+Article+73e+of+the+Charter&f1=830&op1=a&m2=a&p2=&f2=&op2=a&m3=a&p3=&f3=&rm=&ln=en&action_search=Search&fti=0&sf=year&so=d&rg=25&sc=0&c=United+Nations+Digital+Library+System&of=hb, consulté le 3 novembre 2021 ; Rapports du Comité des renseignements relatifs aux territoires non autonomes (1952-1963): https://digitallibrary.un.org/search?ln=en&as=1&m1=e&p1=Report+of+the+Committee+on+Information+from+Non-Self-Governing+Territories&f1=830&op1=a&m2=a&p2=&f2=&op2=a&m3=a&p3=&f3=&dt=&d1d=&d1m=&d1y=&d2d=&d2m=&d2y=&rm=&ln=en&action_search=Search&sf=year&so=d&rg=25&c=United+Nations+Digital+Library+System&of=hb&fti=0&fti=0, consulté le 3 novembre 2021 ; voir également Jessica Lynne Pearson, « Defending Empire at the United Nations : The Politics of International Colonial Oversight in the Era of Decolonisation », *Journal of Imperial and Commonwealth History*, vol. 45, 2017, p. 525-549.
7. J. L. Pearson, « Defending Empire at the United Nations », art. cité, p. 526 (citant Alan Burns, *In Defence of Colonies*, George Allen and Unwin, 1957, p. 5).
8. *Ibid.*
9. *Ibid.*, p. 540 541.

10. « United States Policy Toward Dependent Territories, Paper Prepared by the Colonial Policy Review Sub-Committee of the Committee on Problems of Dependent Areas (26 April 1950) FRUS 1952-64, III UN Affairs 775 », *Office of the Historian, US Department of State*, 26 avril 1950, p. 1078, disponible en ligne : https://history.state.gov/historicaldocuments/frus1952-54v03/d775, consulté le 5 novembre 2019.
11. « Communiqué final de la conférence afro-asiatique de Bandung », 24 avril 1955, § D, disponible en ligne : https://www.cvce.eu/en/obj/final_communique_of_the_asian_african_conference_of_bandung_24_april_1955-en-676237bd-72f7-471f-949a-88b6ae513585.html, consulté le 3 novembre 2021.
12. Assemblée générale des Nations Unies, 15e session, 868e séance plénière, Doc A_PV-868-FR (22 septembre 1960), p. 45.
13. Assemblée générale des Nations Unies, 15e session, 877e séance plénière, Doc A_PV-877-FR (29 septembre 1960), p. 225.
14. Assemblée générale des Nations Unies, 15e session, 935e séance plénière, Doc A_PV-935-FR (5 décembre 1960), p. 1139, par. 112-113, M. Aiken.
15. Ebere Nwaubani, « The United States and the Liquidation of European Colonial Rule in Tropical Africa, 1941-1963 », *Cahiers d'études africaines*, XLIII, 2003, p. 528.
16. Assemblée générale des Nations Unies, 15e session, 947e séance plénière, Doc A_PV-947-FR (14 décebr 1960), par. 48.
17. Phillip Oltermann, « Germany Agrees to Pay Namibia 1.1 bn Euros Over Historical Herero-Nama Genocide » [« L'Allemagne accepte de verser 1,1 milliard d'euros à la Namibie pour le génocide historique des Héréros et des Namas »], *The Guardian*, 28 mai 2021.
18. James Crawford et Paul Mertenskötter, « The South West Africa Cases (1949 to 1971) (Ch. 11) », in E. Bjorge et C. Miles (éd.), *Landmark Cases in Public International Law*, Hart, 2017, section I.
19. Statut international du Sud-Ouest africain, avis consultatif : *C.I.J. Recueil*, 1950, p. 128, p. 143 et 144.
20. Sud-Ouest africain – Procédure de vote, avis consultatif du 7 juin 1955 : *C.I.J. Recueil*, 1955, p. 67.
21. Admissibilité de l'audition de pétitionnaires par le Comité du Sud-Ouest africain, avis consultatif du 1er juin 1956 : *C.I.J. Recueil*, 1956, p. 23.
22. J. Crawford et P. Mertenskötter, « The South West Africa Cases », art. cité, sous-section IV, lettre A.
23. Sud-Ouest africain – Procédure de vote, avis consultatif du 7 juin 1955, opinion individuelle de M. Lauterpacht : *C.I.J. Recueil*, 1955, p. 90, p. 120.
24. Résolution 1142 (XII) de l'Assemblée générale des Nations Unies, *Action juridique permettant d'assurer le respect des obligations assumées par l'Union sud-africaine en ce qui concerne le Territoire du Sud-Ouest africain*, A/RES/

1142(XII) (25 octobre 1957) ; Résolution 1361 (XIV) de l'Assemblée générale des Nations Unies, *Action juridique permettant d'assurer le respect des obligations assumées par l'Union sud-africaine en ce qui concerne le Territoire du Sud-Ouest africain*, A/RES/1361(XIV) (17 novembre 1959).

25. Michael T. Kaufman, « Ernest Gross, a Key Diplomat During Cold War, Dies at 92 » [« Ernest Gross, diplomate clef pendant la guerre froide, meurt à 92 ans »], *New York Times*, 4 mai 1999.
26. Carol A. Johnson, « Conferences of Independent African States », *International Organization*, vol. 16, 1962, p. 428-429 ; voir également « Conferences of Independent African States », https://encyclopedia2.thefreedictionary.com/Conferences+of+Independent+African+States, consulté le 4 novembre 2021.
27. Affaires du Sud-Ouest africain (Éthiopie c. Afrique du Sud ; Libéria c. Afrique du Sud), exceptions préliminaires, arrêt du 21 décembre 1962 : *C.I.J. Recueil*, 1962, p. 319, p. 322-326.
28. Affaires du Sud-Ouest africain (Éthiopie c. Afrique du Sud ; Libéria c. Afrique du Sud), requête introductive d'instance du gouvernement d'Éthiopie du 4 novembre 1960, par. 4.
29. Affaires du Sud-Ouest africain (Éthiopie c. Afrique du Sud ; Libéria c. Afrique du Sud), exceptions préliminaires déposées par le gouvernement de la République d'Afrique du Sud le 30 novembre 1961 : *C.I.J. Recueil*, 1961, p. 212, p. 376 et suivantes.
30. Affaires du Sud-Ouest africain (Éthiopie c. Afrique du Sud ; Libéria c. Afrique du Sud), exceptions préliminaires, arrêt du 21 décembre 1962 : *C.I.J. Recueil*, 1962, p. 319, p. 342-344 et p. 347.
31. Affaires du Sud-Ouest africain (Éthiopie c. Afrique du Sud ; Libéria c. Afrique du Sud), exceptions préliminaires, opinion dissidente commune de sir Percy Spender et sir Gerald Fitzmaurice : *C.I.J. Recueil*, 1962, p. 465.
32. *Ibid.*, p. 466-467.
33. D. Lowe, *Australian Between Empires*, *op. cit.*, p. 167.
34. Le juge Abdel Hamid Badawi (Égypte) mourut en août 1965, tandis que le juge José Bustamante y Rivero (Pérou) tomba malade à cette période.
35. Victor Kattan, « Decolonizing the International Court of Justice : The Experience of Judge Sir Muhammad Zafarullah Khan in the South West Africa Cases », *Asian Journal of International Law*, vol. 5, 2015, p. 317, note n° 34 (citant « The Election of Judges to the International Court of Justice [very confidential] by W. E. Beckett », 19 janvier 1946, DO 35/1215, TNA).
36. « Letter to the United Nations Political Department », *United Kingdom Delegation to the United Nations*, FO 371/112421/255/124, 9 octobre 1954.
37. Affaires du Sud-Ouest africain (Éthiopie c. Afrique du Sud ; Libéria c. Afrique du Sud), correspondance : *C.I.J. Recueil*, 1960, p. 511, p. 534.
38. D. Lowe, *Australian Between Empires*, *op. cit.*, p. 175.

39. *Ibid.*, p. 156.
40. *Ibid.*, p. 166 et 192.
41. V. Kattan, « Decolonizing the International Court of Justice », *op. cit.*, p. 316, notes n° 27 et 29 (citant un télégramme confidentiel envoyé, depuis Londres, par le Foreign Office à la délégation du Royaume-Uni auprès des Nations Unies le 19 novembre 1954, signé par Kelvin White au nom de Peter E. Ramsbotham, « Election of the Successor to the Late Sir Benegal Rau as Judge at the ICJ », 14 décembre 1954, DO 35/7123 TNA).
42. J. Spender, *Ambassador's Wife*, *op. cit.*, p. 113.
43. D. Lowe, *Australian Between Empires*, *op. cit.*, p. 168 (citant Peter Garran, La Haye, lettre à sir Roger Alan, 21 juillet 1966, FO371/188151 TNA).
44. Barcelona Traction, Light and Power Company, Limited (Belgique c. Espagne), arrêt du 5 février 1970 : *C.I.J. Recueil*, 1970, p. 3, par. 33 à 36 ; application de la convention pour la prévention et la répression du crime de génocide (Gambie c. Myanmar), demande en indiction de mesures conservatoires, ordonnance du 23 janvier 2020 : *C.I.J. Recueil*, 2020, p. 3, par. 41.
45. Affaires du Sud-Ouest africain (Éthiopie c. Afrique du Sud ; Libéria c. Afrique du Sud), opinion dissidente de M. Jessup : *C.I.J. Recueil*, 1966, p. 325.
46. *Ibid.*
47. Affaires du Sud-Ouest africain (Éthiopie c. Afrique du Sud ; Libéria c. Afrique du Sud), deuxième phase, déclaration de sir Percy Spender : *C.I.J. Recueil*, 1966, p. 51, par. 28.
48. James Crawford, « "Dreamers of the Day" : Australia and the International Court of Justice », *Melbourne Journal of International Law*, vol. 14, 2013, p. 536.
49. « Je ne me suis jamais récusé. Il n'y avait aucun motif de récusation. Le président de la cour (sir Percy Spender) était d'avis qu'il serait inapproprié pour moi de siéger, car j'avais été nommé à un moment donné juge *ad hoc* pour les États requérants (Libéria et Éthiopie), bien que je n'aie pas siégé en cette qualité. Je n'étais absolument pas d'accord avec ce point de vue et avais partagé mes arguments avec le président, arguments que je considère toujours valides. Mais il m'a dit qu'une grande majorité des juges étaient d'accord avec lui et considéraient qu'il ne fallait pas que je siège. Je n'avais donc pas le choix. », *The Observer*, 31 juillet 1966, p. 22.
50. Ernest A. Gross, « The South West Africa Case : What Happened ? » [« L'affaire du Sud-Ouest africain : que s'est-il passé ? »], *Foreign Affairs*, 1966, disponible en ligne : https://www.foreignaffairs.com/articles/namibia/1966-10-01/south-west-africa-case-what-happened, consulté le 5 novembre 2019.
51. Résolution 2145 (XXI) de l'Assemblée générale des Nations Unies, *Question du Sud-Ouest africain*, A/RES/2145(XXI) (27 octobre 1966).
52. Résolution 2372 (XXII) de l'Assemblée générale des Nations Unies, *Question du Sud-Ouest africain*, A/RES/2372(XXII) (12 juin 1966).

53. Pacte international relatif aux droits civils et politiques, adopté à New York le 16 décembre 1966, entré en vigueur le 23 mars 1976, *R.T.N.U.*, vol. 999, p. 187, article 1.
54. J. Crawford et P. Mertenskötter, « The South West Africa Cases », art. cité, section V.
55. David Vine, *Island of Shame : The Secret History of the U.S. Military Base on Diego Garcia*, Priceton University Press, 2009, p. 71-76.
56. *Ibid.*, p. 56-63. Le fils de Barber écrivit : « [Mon père] n'était pas au courant [...] de ce qui arrivait aux habitants de l'île. En réalité, il faisait partie de ceux à qui l'on faisait croire que Diego Garcia n'était pas habitée, en dehors de quelques travailleurs saisonniers dans des plantations [...]. Il fut choqué par l'insensibilité et la cruauté avec lesquelles ces évacuations furent menées. Maintenant que le mal était fait, il pensait qu'il était impératif pour les gouvernements américain et britannique d'offrir des réparations substantielles », Richard Barber, « "Island of Shame" : An Exchange on Diego Garcia » [« Île de la honte » : échange sur Diego Garcia »], *New York Review of Books*, 2 juillet 2009 : https://www.nybooks.com/articles/2009/07/02/island-of-shame-an-exchange-on-diego-garcia/, consulté le 10 novembre 2021.
57. « US Defence Interests in the Indian Ocean », *U.K. Foreign Office, Colonial Office and Ministry of Defense*, D.O. (O)(64)23, FCO 31/3437, 23 avril 1964, par. 8 et 11.
58. *Ibid.*, par. 11-12.
59. Robert Newton, « Report on the Anglo-American Survey in the Indian Ocean », CO 1036/1332, 1964, par. 48, 49, 60 et 67.
60. Jonathan Coleman, « Harold Wilson, Lyndon Johnson and the Vietnam War, 1964-68 », *American Studies Today Online*, 7 décembre 2004, http://www.americansc.org.uk/online/Wilsonjohnson.htm, consulté le 10 novembre 2021.
61. Télégramme du Foreign Office à Washington, nº 3482, FO 371/184523, 30 avril 1965, par. 3.
62. « Note for the Prime Minister's Meeting with Sir Seewoosagur Ramgoolam, Premier of Mauritius », *UK Colonial Office*, PREM 13/3320, 22 septembre 1965, p. 1 et 5.
63. « Record of a Meeting Held in Lancaster House at 2.30 p.m. on Thursday 23rd September : Mauritius Defence Matters », CO 1036/1253, 23 septembre 1965, par. 3.
64. *Ibid.*, par. 22.
65. « Record of UK-US Talks on Defence Facilities in the Indian Ocean », FO 371/184529, 23-24 septembre 1965 ; « Summary Record of "Plenary" Meeting between the United Kingdom and United States Officials (Led by Mr. Kitchen), Mr. Peck in the Chair on 24 September 1965 ».

66. « Mauritius Constitutional Conference Report », *UK Colonial Office*, 24 septembre 1965, par. 20.
67. « Minute from Secretary of State for the Colonies to the Prime Minister », *UK Foreign Office*, FO 371/184529, 5 novembre 1965, par. 5-6.
68. *Ibid.*, par. 6-9.
69. Télégramme du Foreign Office à la Mission permanente du Royaume-Uni auprès des Nations Unies, n° 4310, FO 371/184529, 6 novembre 1965, par. 5 ; Télégramme du Foreign Office à la Mission permanente du Royaume-Uni auprès des Nations Unies, n° 4327, 8 novembre 1965, par. 2(h).
70. Télégramme du Foreign Office à la Mission permanente du Royaume-Uni auprès des Nations Unies, n° 2837, 8 novembre 1965, par. 4.
71. *Chagos Islanders* v. *Attorney General & HM BIOT Commissioner [2003]*, EWHC 222 (QB) [70] (Ouseley J).
72. « Minute Written by Anthony Aust, FO Legal Adviser », *UK Foreign Office*, 23 octobre 1968 ; « Minute Immigration Legislation for BIOT (Anthony Aust, FO Legal Adviser) », *UK Foreign Office*, 16 janvier 1970.
73. Résolution 2066 (XX) de l'Assemblée générale des Nations Unies, *Question de l'île Maurice*, A/RES/2066(XX) (16 décembre 1965).
74. Résolution 2232 (XXI) de l'Assemblée générale des Nations Unies, *Question d'Antigua, des Bahamas, des Bermudes, de la Dominique, de la Grenade, de Guam, des îles Caïmans, des îles Cocos (Keeling), des îles Gilbert et Ellice, de l'île Maurice, des îles Salomon, des îles Samoa américaines, des îles Seychelles, des îles Tokélaou, des îles Turques et Caïques, des îles Vierges américaines, des îles Vierges britanniques, de Montserrat, de Nioué, des Nouvelles-Hébrides, de Pitcairn, de Saint-Christophe-et-Niévès et Anguilla, de Sainte-Hélène, de Sainte-Lucie et de Saint-Vincent*, A/RES/2232(XXI) (20 décembre 1966).
75. Résolution 2357 (XXII) de l'Assemblée générale des Nations Unies, *Question d'Antigua, des Bahamas, des Bermudes, de la Dominique, de la Grenade, de Guam, des îles Caïmans, des îles Cocos (Keeling), des îles Gilbert et Ellice, de l'île Maurice, des îles Salomon, des îles Samoa américaines, des îles Seychelles, des îles Tokélaou, des îles Turques et Caïques, des îles Vierges américaines, des îles Vierges britanniques, de Montserrat, de Nioué, des Nouvelles-Hébrides, de Pitcairn, de Saint-Christophe-et-Nièvès et Anguilla, de Sainte-Hélène, de Sainte-Lucie, de Saint-Vincent et du Souaziland*, A/RES/2357(XXII) (19 décembre 1967).
76. *Charte des Nations Unies*, adoptée à San Francisco le 26 juin 1945, entrée en vigueur le 24 octobre 1945, *C.N.U.O.I.*, vol. 15, p. 365, article 73 (chapitre XI).
77. Câble diplomatique signé par D. A. Greenhill, 24 août 1966, disponible en ligne : https://commons.wikimedia.org/wiki/File:Diplomatic_Cable_signed_by_D.A._Greenhill,_dated_August_24,_1966.jpg, consulté le 12 novembre 2021.

78. David Snoxell, « Denis Healey and the Chagos Archipelago » [« Denis Healey et l'archipel des Chagos »], lettre, *The Guardian*, 8 octobre 2015 ; *Id.*, « Anglo/American Complicity in the Removal of the Inhabitants of the Chagos Islands, 1964-1973 », *Journal of Imperial and Colonial History*, vol. 37, 2009, p. 127-134.
79. Laura Jeffery, *Chagos Islanders in Mauritius and the UK: Forced Displacement and Onward Migration*, Manchester University Press, 2011, p. 95-108.
80. « M. W. Hewitt, EAD, to W. A. Ward, High Commissionner Mauritius », 4 décembre 1980, FO 119, FCO 31/2770.
81. Richard Gifford et Richard Dunne, « A Dispossessed People: The Depopulation of the Chagos Archipelago 1965-1973 », *Population Space and Place*, vol. 20, 2014, p. 37-49.
82. D. Vine, *Island of Shame*, *op. cit.*, p. 113-114.
83. Geoffrey Trease, *This Is Your Century*, Heinemann, 1965, p. 300.
84. *Ibid.*, p. 306.
85. « British Indian Ocean Territory (Chronology) », https://www.worldstatesmen.org/Br_Indian_Ocean_Terr.html, consulté le 12 novembre 2021.
86. « Stamps of the British Indian Ocean Territory », 5 décembre 2008, https://shipstamps.co.uk/forum/viewtopic.php?t=6422, consulté le 12 novembre 2021.
87. Conversation avec Joseph Bertrand, 24 novembre 2021.

III. 1984 (p. 77-101)

1. « Unesco Statement on Race and Racial Prejudice », *Current Anthropology*, vol. 9, 1968, p. 270.
2. Stuart Taylor Jr., « Nicaragua Takes Case Against U.S. to World Court » [« Le Nicaragua porte son différend avec les États-Unis devant la Cour internationale »], *The New York Times*, 10 avril 1984, disponible en ligne : https://www.nytimes.com/1984/04/10/world/nicaragua-takes-case-against-us-to-world-court.html?searchResultPosition=9, consulté le 10 novembre 2021.
3. Mary Thornton, « In the World Court » [« À la Cour internationale »], *The Washington Post*, 7 décembre 1984, disponible en ligne : https://www.washingtonpost.com/archive/politics/1984/12/07/in-the-world-court/f9398029-8e4b-47b2-bf80-d82d2572fe19/, consulté le 12 novembre 2021.
4. *Ibid.*
5. « À ce stade, je voudrais m'attarder sur une question qui touche aux intérêts vitaux de Maurice ; je veux parler de la revendication mauricienne de souveraineté sur l'archipel des Chagos, qui a été arraché du territoire mauricien par la puissance coloniale de l'époque, en violation des résolutions 1514 (XV) et 2066 (XX). Ce démembrement du territoire mauricien, la violation de notre intégrité territoriale, est d'autant plus inacceptable que l'une des îles de cet

archipel, Diego Garcia, est aujourd'hui une base nucléaire, ce qui représente une menace constance pour la sécurité de Maurice et de tous les États riverains dans l'océan Indien, ce même océan qui fut déclaré comme zone de paix par cette Assemblée en 1971 », Assemblée générale des Nations Unies, compte rendu de la 34e séance plénière, 37e session, 15 octobre 1982, p. 641, par. 68 (M. Jugnauth), accessible en ligne : https://digitallibrary.un.org/record/36935/files/A_37_PV.34-FR.pdf, consulté le 12 novembre 2021.

6. D. Vine, *Island of Shame*, *op. cit.*, p. 111 (citant « memorandum for the Deputy Chief of Naval Operations [Plans and Policy] », 24 mars 1971).
7. David Ottaway, « Islanders Were Evicted for U.S. Base » [« Des habitants expulsés pour l'installation d'une base américaine »], *Washington Post*, 9 septembre 1975 ; voir également « Diego Garcia : The Islanders that Britain Sold » [« Diego Garcia : les Îlois sacrifiés par la Grande-Bretagne »], *Sunday Times*, 21 septembre 1975.
8. John Madeley, « Diego Garcia : A contrast to the Falklands », *Minority Right Group*, rapport n° 54, août 1982, version révisée de février 1985.
9. Résolution 264 du Conseil de sécurité des Nations Unies, *La situation en Namibie*, S/RES/264 (20 mars 1969), par. 3 ; résolution 269 du Conseil de sécurité des Nations Unies, *La situation en Namibie*, S/RES/269 (12 août 1969), par. 5.
10. Résolution 264 du Conseil de sécurité des Nations Unies, *La situation en Namibie*, S/RES/264 (20 mars 1969), par. 7 ; résolution 269 du Conseil de sécurité des Nations Unies, *La situation en Namibie*, S/RES/269 (12 août 1969), par. 7.
11. Conséquences juridiques pour les États de la présence continue de l'Afrique du Sud en Namibie (Sud-Ouest africain) nonobstant la résolution 276 (1970) du Conseil de sécurité, avis consultatif : *C.I.J. Recueil*, 1971, p. 16.
12. *Ibid.*, par. 105.
13. *Ibid.*, par. 106.
14. *Ibid.*, par. 131 et 133.
15. Conséquences juridiques pour les États de la présence continue de l'Afrique du Sud en Namibie (Sud-Ouest africain) nonobstant la résolution 276 (1970) du Conseil de sécurité, avis consultatif, déclaration de M. Khan : *C.I.J. Recueil*, 1971, p. 59, p. 63.
16. Conséquences juridiques pour les États de la présence continue de l'Afrique du Sud en Namibie (Sud-Ouest africain) nonobstant la résolution 276 (1970) du Conseil de sécurité, avis consultatif, opinion dissidente de sir Gerald Fitzmaurice : *C.I.J. Recueil*, 1971, p. 208, p. 220-224 et 308.
17. *Ibid.*, par. 91 et 105.
18. *Tyrer c. Royaume-Uni*, n° 5856/2, CEDH, 25 avril 1978, opinion séparée de sir Gerald Fitzmaurice, par. 12.

19. Tullio Treves, *Convention des Nations Unies sur le droit de la mer*, Médiathèque de droit international des Nations Unies, https://legal.un.org/avl/pdf/ha/uncls/uncls_f.pdf, consulté le 12 novembre 2021.
20. Troisième conférence des Nations Unies sur le droit de la mer, 60e séance plénière, A/CONF.62/SR.60 (6 avril 1976), déclaration de M. Lai Ya-li (Chine), p. 24, par. 26.
21. Convention des Nations Unies sur le droit de la mer, adoptée à Montego Bay le 10 décembre 1982, entrée en vigueur le 16 novembre 1994, *R.T.N.U.*, vol. 1834, p. 3, articles 305 à 307.
22. Troisième conférence des Nations Unies sur le droit de la mer, 61e séance plénière, A/CONF.62/SR.61 (6 avril 1976), déclaration de M. D'Stefano Pissani (Cuba), p. 35, par. 26; Troisième conférence des Nations Unies sur le droit de la mer, 62e séance plénière, A/CONF.62/SR.62 (7 avril 1976), déclaration de M. Ballah (Trinité-et-Tobago), p. 38-39, par. 36.
23. Troisième conférence des Nations Unies sur le droit de la mer, 61e séance plénière, A/CONF.62/SR.61 (6 avril 1976), déclaration de M. Ranjeva (Madagascar), p. 34, par. 44.
24. *Ibid.*, déclaration de M. Adeniji (Nigeria), p. 35, par. 59.
25. Troisième conférence des Nations Unies sur le droit de la mer, 62e séance plénière, A/CONF.62/SR.62 (7 avril 1976), déclaration de M. Gayan (Maurice), p. 37, par. 12.
26. *Ibid.*, déclaration de M. Lovato (Équateur), p. 39, par. 46.
27. Troisième conférence des Nations Unies sur le droit de la mer, 63e séance plénière, A/CONF.62/SR.63 (8 avril 1976), déclaration de M. Akrum (Suriname), p. 44, par. 3.
28. Troisième conférence des Nations Unies sur le droit de la mer, 62e séance plénière, A/CONF.62/SR.62 (7 avril 1976), déclarations de M. Rashid (Bangladesh), p. 41, par. 65, et M. Jusuf (Indonésie), par. 72.
29. Troisième conférence des Nations Unies sur le droit de la mer, 63e séance plénière, A/CONF.62/SR.63 (8 avril 1976), déclaration de M. Sibahi (Syrie), p. 45, par. 14.
30. Troisième conférence des Nations Unies sur le droit de la mer, 64e séance plénière, A/CONF.62/SR.64, déclaration de M. Al-Mour (Émirats arabes unis), p. 49, par. 28.
31. *Ibid.*, déclaration de M. Costello (Irlande), p. 47, par. 9.
32. Activités militaires et paramilitaires au Nicaragua et contre celui-ci (Nicaragua c. États-Unis d'Amérique), fond, arrêt, *C.I.J. Recueil*, 1986, p. 14, par. 18-25.
33. *Ibid.*, par. 75-125.
34. Paul S. Reichler, « Holding America to Its Own Best Standards: Abe Chayes and Nicaragua in the World Court », *Harvard International Law Journal*, vol. 42, 2001, p. 22.

35. *Ibid.*, p. 23.
36. *Ibid.*, p. 24.
37. *Ibid.*
38. Robert Kolb, « Military and Paramilitary Activities in and against Nicaragua (Nicaragua *v.* United States) (1984 to 1986) (Ch. 15) », in E. Bjorge and C. Miles (éd.), *Landmark Cases in Public International Law, op. cit.*, section II.
39. Activités militaires et paramilitaires au Nicaragua et contre celui-ci (Nicaragua c. États-Unis d'Amérique), mesures conservatoires, ordonnance du 10 mai 1984, *C.I.J. Recueil*, 1984, p. 169; voir Augusto Zamora, « La Haya: Un Juicio para La Historica » [« La Haye : un procès pour l'Histoire »], *Envío*, 1991, https://www.envio.org.ni/articulo/682, consulté le 12 novembre 2021.
40. Activités militaires et paramilitaires au Nicaragua et contre celui-ci (Nicaragua c. États-Unis d'Amérique), fond, arrêt, *C.I.J. Recueil*, 1986, p. 14, par. 10.
41. Bernard Weinraub, « U.S. Limits Its Role at Court in Hague » [« Les États-Unis limitent leur rôle à la cour de La Haye »], *The New York Times*, 8 octobre 1985.
42. W. Michael Reisman, « Coercion and Self-Determination: Construing Article 2(4) », *American Journal of International Law*, vol. 78, 1984, p. 642.
43. *Ibid.*, p. 644.
44. *Ibid.*, p. 643-644.
45. *Ibid.*, p. 645.
46. Activités militaires et paramilitaires au Nicaragua et contre celui-ci (Nicaragua c. États-Unis d'Amérique), fond, arrêt, *C.I.J. Recueil*, 1986, p. 14, par. 292. En septembre 1991, à la suite de la décision du Nicaragua de mettre un terme à la procédure, l'affaire est close. Activités militaires et paramilitaires au Nicaragua et contre celui-ci (Nicaragua c. États-Unis d'Amérique), ordonnance du 26 septembre 1991, *C.I.J. Recueil*, 1991, p. 47.
47. *Ibid.*
48. Activités militaires et paramilitaires au Nicaragua et contre celui-ci (Nicaragua c. États-Unis d'Amérique), fond, opinion dissidente de M. Schwebel, *C.I.J. Recueil*, 1986, p. 259, par. 180.
49. « Written Answers: Foreign and Commonwealth Affairs – Indian Ocean », *UK House of Commons*, FCO 31/3836, 21 octobre 1975, p. 130; « Anglo/US Consultations on the Indian Ocean: November 1975-Agenda Item III, Brief No. 4: Future of Aldabra, Farquar and Desroches », FCO 40/687, novembre 1975, par. 2(a).
50. « Letter from Prime Minister Sir S. Ramgoolam to British High Commission », Port Louis, 4 septembre 1972.
51. Accord relatif aux Îlois de l'archipel des Chagos (avec échange de notes du 26 octobre 1982), signé à Port Louis le 7 juillet 1982, entré en vigueur le 28 octobre 1982, *R.T.N.U.*, vol. 1316, n° 21924, p. 127.

52. Nations Unies, Commission des droits de l'homme, Sous-Commission de la promotion et de la protection des droits de l'homme, Groupe de travail des minorités, rapport faisant suite à la visite du Groupe de travail à Maurice, examen des solutions possibles aux problèmes intéressant les minorités, y compris la promotion de la compréhension mutuelle entre les minorités et les gouvernements et entre les minorités elles-mêmes, E/CN.4/Sub.2/AC.5/2022/2 (3 avril 2002), par. 37.
53. Denzil Dunnett, « Self-Determination and the Falklands », *International Affairs*, vol. 59, 1983, p. 415-416.
54. « 2010 to 2015 Government Policy: Falkland Islanders' Right to Self-Determination (Policy Paper) », mis à jour le 8 mai 2015, https://www.gov.uk/government/publications/2010-to-2015-government-policy-falkland-islanders-right-to-self-determination/2010-to-2015-government-policy-falkland-islanders-right-to-self-determination, consulté le 14 novembre 2021.
55. Olivier Bancoult, « The Historic Legal Battle of the Chagossians to Return to Their Homeland, the Chagos Islands, and to Be Compensated for Their Deporation : A Narrative », *South Africa Yearbook of International Law*, vol. 29, 2014, p. 21.
56. *R (on the application of Bancoult)* v. *Secretary of State for the Foreign and Commonwealth Office* [2001], Q. B. 1067, par. 5.
57. *Chagos Islanders* v. *Attorney General & HM British Indian Ocean Commissioner* [2004], EWCA Civ 997.
58. *R (on the application of Bancoult No 2)* v. *Secretary of State for Foreign and Commonwealth Affairs* [2008], UKHL 61, par. 45 et 49 (Lord Hoffman).
59. *Ibid.*, par. 72 (Lord Bingham).
60. *Chagos Islanders c. Royaume-Uni* (décembre), n° 35622/04, CEDH, 11 décembre 2012, par. 77 à 83.
61. *Olivier Bancoult* et al. v. *Robert McNamara* et al., US Court of Appeals, D.C. Circuit, 21 avril 2006.
62. Nelson Mandela, discours inaugural, Pretoria, 11 mai 1994, disponible en ligne : https://www.africa.upenn.edu/Articles_Gen/Inaugural_Speech_17984.html, consulté le 13 novembre 2021.
63. *Décision de la conférence des parties à la Convention sur la diversité biologique, Diversité biologique et côtière*, UNEP/CBD/COP/DEC/VII/5 (13 avril 2004), par. 10 à 31, https://www.cbd.int/decision/cop/?id=7742, consulté le 6 mai 2022.
64. Résolution 827 du Conseil de sécurité des Nations Unies, S/RES/827 (25 mai 1993).
65. Résolution 955 du Conseil de sécurité des Nations Unies, S/RES/955 (8 novembre 1994).
66. Licéité de la menace ou de l'emploi d'armes nucléaires, avis consultatif, *C.I.J. Recueil*, 1996, p. 226, par. 29 ; Lettre du 16 juin 1995 du conseiller juridique du Foreign and Commonwealth Office du Royaume-Uni de Grande-Bretagne

et d'Irlande du Nord, accompagnée des observations écrites du gouvernement du Royaume-Uni, *C.I.J. Mémoires, Licéité de la menace ou de l'emploi d'armes nucléaires*, p. 61 à 64.

67. Compte rendu de l'audience publique du 13 novembre 1995, *C.I.J. Mémoires, Licéité de la menace ou de l'emploi d'armes nucléaires*, CR 95/31, plaidoirie de Samoa.
68. Ceuta et Melilla.
69. La Réunion et Mayotte.
70. « Interview of David Raymond Snoxell by Malcolm McBain », 19 novembre 2007, p. 38, https://archives.chu.cam.ac.uk/wp-content/uploads/sites/2/2022/01/Snoxell.pdf, consulté le 13 novembre 2021.
71. *Ibid.*, p. 40.
72. Philippe Sands, *Tortures made in USA*, Music and Entertainment Books, 2009.
73. Mark Tran, « Miliband Admits US Rendition Flights Stopped on UK Soil » [« David Miliband reconnaît que certains vols clandestins de la CIA ont fait étape sur le sol Britannique »], *The Guardian*, 21 février 2008, disponible en ligne : https://www.theguardian.com/world/2008/feb/21/ciarendition.usa, consulté le 21 février 2008.
74. Ian Cobain, « CIA Interrogated Suspects on Diego Garcia, Says Colin Powell Aide » [« Un conseiller de Colin Powell affirme que la CIA a interrogé des suspects sur l'île de Diego Garcia »], *The Guardian*, 30 janvier 2015, disponible en ligne : https://www.theguardian.com/world/2015/jan/30/cia-interrogation-diego-garcia-lawrence-wilkerson, consulté le 12 novembre 2021.
75. Matt Dathan, « Diego Garcia Rendition Flight Logs "Destroyed" » [« Les registres des vols clandestins "détruits" »], *The Times*, 10 juillet 2014, disponible en ligne : https://www.thetimes.co.uk/article/diego-garcia-rendition-flight-logs-destroyed-7pqonosmcjo, consulté le 6 mai 2022.
76. « Seventh Report of Session 2007-08 (Overseas Territories) (HC 147-I) », *UK House of Commons Foreign Affairs Committee*, 18 juin 2008, par. 4, disponible en ligne : https://publications.parliament.uk/pa/cm200708/cmselect/cmfaff/147/147i.pdf, consulté le 12 novembre 2021.
77. « The Use of Diego Garcia for Rendition (Foreign Affairs Committee) », *UK Parliament*, 19 juin 2014, par. 15, disponible en ligne : https://publications.parliament.uk/pa/cm201415/cmselect/cmfaff/377/37704.htm#n15, consulté le 12 novembre 2021.
78. Laura Jeffrey, « How a plantation became paradise : changing representations of the homeland among displaced Chagos islanders », *Journal of the Royal Anthropological Institute*, vol. 13, 2007, p. 969.
79. Ian Brownlie, « Certain Questions Relating to the Status of the Chagos Archipelago : Together with Advice on Options Available to the Government of Mauritius (Opinion, 15 Dec 2003) », p. 69 (en possession de l'auteur).

80. Conséquences juridiques de l'édification d'un mur dans le territoire palestinien occupé, avis consultatif, *C.I.J. Recueil*, 2004, p. 136, par. 88 et 123.
81. « House of Commons – Written Ministerial Statements [6 July 2004] Parliamentary Under-Secretary of State for Foreign and Commonwealth Affairs (Mr. Bill Rammell), Column 33WS », disponible en ligne: https://publications.parliament.uk/pa/cm200304/cmhansrd/vo040706/wmstext/40706m02.htm, consulté le 12 novembre 2021 ; déclarations d'acceptation de la juridiction obligatoire par le Royaume-Uni de Grande-Bretagne et d'Irlande du Nord, 22 février 2017, https://www.icj-cij.org/fr/declarations/gb, consulté le 6 mai 2022.
82. *Weekend*, 27 juin 2004, *Le Mauricien*, 28 juin 2004.
83. Déclarations d'acceptation de la juridiction obligatoire par le Royaume-Uni de Grande-Bretagne et d'Irlande du Nord, 22 février 2017, https://www.icj-cij.org/fr/declarations/gb, consulté le 12 novembre 2021.
84. « House of Commons – Written Ministerial Statements [6 July 2004] Parliamentary Under-Secretary of State for Foreign and Commonwealth Affairs (Mr. Bill Rammell), Column 33WS », disponible en ligne : https://publications.parliament.uk/pa/cm200304/cmhansrd/vo040706/wmstext/40706m02.htm, consulté le 12 novembre 2021.

IV. 2003 (p. 105-138)

1. Rebecca Grant, « Iraqi Freedom and the Air Force » [« Iraqi Freedom et l'armée de l'air »], *Air Force Magazine*, mars 2013, p. 38.
2. Nations Unies, Département de l'information, *Security Council Holds First Debate on Iraq Since Start of Military Action; Speakers Call for Halt to Aggression, Immediate Withdrawal*, CS/7705, 26 mars 2003, https://www.un.org/press/en/2003/sc7705.doc.htm.
3. Christopher Greenwood QC, « Britain's War on Saddam Had the Law on its Side » [« La guerre contre Saddam de la Grande-Bretagne avait le droit de son côté »], *The Times*, 22 octobre 2003 ; également disponible dans le *Yearbook of Islamic & Middle Eastern Law Online*, vol. 9, p. 29.
4. Philippe Sands, *Lawless World: America and the Making and Breaking of Global Rules*, Penguin, 2006, p. 264.
5. *Ibid.*, p. 260.
6. « Seventh Report of Session 2007-08 (Overseas Territories) (HC 147-I) », *UK House of Commons Foreign Affairs Committee*, 18 juin 2008, p. 346 ; « The Use of Diego Garcia for Rendition (Foreign Affairs Committee », *UK Parliament*, 19 juin 2014, par. 15, disponible en ligne : https://publications.parliament.uk/pa/cm201415/cmselect/cmfaff/377/37704.htm#n15, consulté le 12 novembre 2021.

7. Nations Unies, Commission des droits de l'homme, Sous-Commission de la promotion et de la protection des droits de l'homme, Groupe de travail des minorités, rapport faisant suite à la visite du Groupe de travail à Maurice, examen des solutions possibles aux problèmes intéressant les minorités, y compris la promotion de la compréhension mutuelle entre les minorités et les gouvernements et entre les minorités elles-mêmes, E/CN.4/Sub.2/AC.5/2002 (3 avril 2002), par. 45-55.
8. Examen des rapports soumis par le Royaume-Uni de Grande-Bretagne et d'Irlande du Nord conformément à l'article 40 du Pacte, observations finales du Comité des droits de l'homme, CCPR/C/GBR/CO/6 (30 juillet 2008), par. 22.
9. Examen des rapports présentés par le Royaume-Uni de Grande-Bretagne et d'Irlande du Nord conformément à l'article 9 de la Convention, observations finales du Comité pour l'élimination de la discrimination raciale, CERD/C/GBR/CO/18-20 (14 septembre 2011), par. 12.
10. Jean-Marie Gustave Le Clézio, « Lavez l'injustice faite aux Chaggosiens », *Le Monde*, 17 octobre 2009, disponible en ligne : https://www.lemonde.fr/idees/article/2009/10/17/lavez-l-injustice-faite-aux-chagossiens-par-jean-marie-g-le-clezio_1255254_3232.html, consulté le 14 novembre 2021.
11. Paul Rincon, « UK Sets Up Chagos Islands Marine Reserve » [« Le Royaume-Uni établit une réserve marine autour des îles Chagos »], *BBC News*, 1er avril 2010, disponible en ligne : http://news.bbc.co.uk/2/mobile/science/nature/8599125.stm, consulté le 15 novembre 2021.
12. « One Year On : The World's Largest Marine Reserve », *Chagos Conservation Trust*, 10 juin 2010, https://chagos-trust.org/news/one-year-on-the-worlds-largest-marine-reserve, consulté le 16 novembre 2021.
13. « HMG Floats Proposal for Marine Reserve Covering the Chagos Archipelago (British Indian Ocean Territory (15 May 2009) », *Wikileaks*, https://wikileaks.org/plusd/cables/09LONDON1156_a.html, consulté le 17 novembre 2019.
14. « HMG Floats Proposal for Marine Reserve », U. S. Cable, 15 mai 2009, par. 7, disponible en ligne : https://www.theguardian.com/world/us-embassy-cables-documents/207149. Lors d'un contre-interrogatoire, dans le cadre d'une procédure judiciaire ultérieure, M. Roberts a admis avoir probablement affirmé qu'on ne devrait trouver aucune empreinte humaine sur l'archipel des Chagos, à l'exclusion de Diego Garcia, mais il a nié avoir utilisé le terme « Vendredis » en référence aux Chagossiens : *R (on the application of Bancoult)* v. *Secretary of State for Foreign and Commonwealth Affairs* [2013], EWHC 1502 (Admin) (11 juin 2013), par. 59.
15. *Ibid.*, par. 7.
16. *R (on the application of Bancoult No 3)* v. *Secretary of State for Foreign and Commonwealth Affairs* [2018], UKSC 3.

17. Courrier électronique d'un conseil impliqué dans la procédure, 2 février 2021 (en possession de l'auteur).
18. « Feasibility Study for the Resettlement of the British Indian Ocean Territory », *KPMG*, 31 janvier 2015, p. 84 et suivantes, disponible en ligne : https://www.gov.uk/government/speeches/policy-review-of-resettlement-of-the-british-indian-ocean-territory, consulté le 16 novembre 2021.
19. « HC Deb 17 Nov 2016, Vol 617 », *Hansard*, https://hansard.parliament.uk/commons/2016-11-17/debates/DF14B27E-3DEF-4D46-917D-33E93DDD0C5C/ChagosIslands, consulté le 16 novembre 2021.
20. *R (on the application of Hoareau and Bancoult No 5)* v. *Secretary of State for Foreign and Commonwealth Affairs* [2020], EWCA Civ 1010 ; voir également Chris Monaghan, « Challenging the United Kingdom's Decision Not to Support the Resettlement of the Chagos Islands : *R (on the application of Hoareau and Bancoult No 5)* v. *Secretary of State for Foreign and Commonwealth Affairs* [2020], EWCA Civ 1010 », *Judicial Review*, vol. 26, 2021, p. 62.
21. Kate McQue, « £40m for Islanders Exiled from British Territory Goes Unspent » [« 40 millions de livres pour les habitants exilés d'un territoire britannique non dépensés »], *The Guardian*, 3 mai 2020, disponible en ligne : https://www.theguardian.com/world/2020/may/03/40m-for-islanders-exiled-from-british-territory-goes-unspent, consulté le 16 novembre 2021.
22. Application de la convention internationale sur l'élimination de toutes les formes de discrimination raciale (Géorgie c. Fédération de Russie), mesures conservatoires, ordonnance du 15 octobre 2008, *C.I.J. Recueil*, 2008, p. 353.
23. Application de la convention internationale sur l'élimination de toutes les formes de discrimination raciale (Géorgie c. Fédération de Russie), exceptions préliminaires, arrêt, *C.I.J. Recueil*, 2011, p. 70, par. 148-184.
24. Application de la convention internationale sur l'élimination de toutes les formes de discrimination raciale (Géorgie c. Fédération de Russie), exceptions préliminaires, opinion individuelle de M. Greenwood, *C.I.J. Recueil*, 2011, p. 323.
25. Application de la convention internationale sur l'élimination de toutes les formes de discrimination raciale (Géorgie c. Fédération de Russie), exceptions préliminaires, opinion dissidente commune de M. Owada, M. Simma, M. Abraham, Mme Donoghue, et M. Gaja, *C.I.J. Recueil*, 2011, p. 142, par. 12.
26. *Chagos Marine Protected Area Arbitration (Mauritius* v. *UK) (reasoned decision on challenge of arbitrator Greenwood)*, 2011, PCA 1, par. 77 (citant la déclaration soumise par le juge Mensah).
27. *Ibid.*, par. 91 et 164 (citant les déclarations soumises par les juges Higgins et Guillaume).
28. *Pleadings Chagos MPA Arbitration (Mauritius* v. *UK) (Transcript Hearing 4 Oct 2011 on challenge to J. Greenwood).*

29. *Chagos Marine Protected Area Arbitration (Mauritius* v. *UK) (reasoned decision on challenge of arbitrator Greenwood)*, par. 166-183.
30. *Pleadings Chagos MPA Arbitration (Mauritius* v. *UK) (Transcript Hearing day 2 on Jurisdiction & Merits)* [2014], 2 PCA 71 40.
31. *Ibid.*, p. 48.
32. *Ibid. (Transcript Hearing day 11 on Jurisdiction & Merits)* [2014], 11 PCA 1233 1318.
33. *Ibid. (Transcript Hearing day 8 on Jurisdiction & Merits)* [2014], 8 PCA 910 929.
34. *Ibid.*, p. 980-985.
35. *Chagos Marine Protected Area Arbitration (Mauritius* v. *UK) (Dissenting and Concurring Opinion of Judges Kateka and Wolfrum)*, par. 91.
36. Projet Gabčíkovo-Nagymaros (Hongrie c. Slovaquie), arrêt, *C.I.J. Recueil*, 1997, p. 7, par. 136 à 147.
37. Dans l'affaire des usines de pâte à papier, la Cour s'en remettait à l'« étude d'impact cumulé réalisée en septembre 2006 à la demande de la Société financière internationale » : Usines de pâte à papier sur le fleuve Uruguay (Argentine c. Uruguay), arrêt, *C.I.J. Recueil*, 2010, p. 14, par. 210 à 214.
38. Compte rendu de l'audience publique du 3 juillet 2013, *C.I.J. Mémoires, Chasse à la baleine dans l'Antarctique (Australie c. Japon ; Nouvelle-Zélande [intervenant])*, CR 2013/31, p. 23 à 48.
39. Communiqué de presse, *British High Commission*, Maurice, 23 février 2017.
40. Kate McQue et Mark Townsend, « Windrush Scandal Continues as Chagos Islanders Are Pressed to "Go Back" » [« Le scandale dans l'affaire Windrush se poursuit alors que les habitants des îles Chagos sont pressés de "rentrer chez eux" »], *The Guardian*, 28 juillet 2019, disponible en ligne : https://www.theguardian.com/world/2019/jul/28/windrush-scandal-continues-in-crawley-as-chagos-islanders-told-go-back, consulté le 17 novembre 2021.
41. Communiqué de presse, *British High Commission*, Maurice, 31 mars 2017.
42. Courrier électronique en date du 25 mai 2017 (en possession de l'auteur).
43. Courrier électronique en date du 1er juin 2017 (en possession de l'auteur).
44. Projet de résolution de l'Assemblée générale des Nations Unies, Demande d'avis consultatif de la Cour internationale de justice sur les effets juridiques de la séparation de l'archipel des Chagos de Maurice en 1965, A/71/L.73 (15 juin 2017).
45. Photographie, juin 2017 (en possession de l'auteur).
46. Mission permanente du Royaume-Uni de Grande-Bretagne et d'Irlande du Nord auprès de l'Organisation des Nations Unies, note verbale nº 357/2017.
47. Sewell Chan, « Boris Johnson's Essay on Obama and Churchill Touches Nerve Online » [« L'essai de Boris Johnson sur Obama et Churchill touche une corde sensible en ligne »], *The New York Times*, 22 avril 2016, disponible en ligne :

https://www.nytimes.com/2016/04/23/world/europe/boris-johnson-the-sun-brexit.html, consulté le 17 novembre 2021 ; Anushka Ashtana et Ben Quinn, « London Mayor under Fire for Remark about "Part-Kenyan" Barack Obama » [« Le maire de Londres sous le feu des critiques pour avoir qualifié Barack Obama de "mi-kenyan" »], *The Guardian*, 22 avril 2016, disponible en ligne : https://www.theguardian.com/politics/2016/apr/22/boris-johnson-barack-obama-kenyan-eu-referendum, consulté le 17 novembre 2021.

V. 2019 (p. 141-173)

1. Nations Unies, Département de l'information, *General Assembly Adopts Resolution Seeking International Court's Advisory Opinion on Pre-Independence Separation of Chagos Archipelago from Mauritius*, GA/11924, 22 juin 2017, https://www.un.org/press/en/2017/ga11924.doc.htm, consulté le 17 novembre 2021 ; la vidéo de la session est disponible en ligne : https://www.unmultimedia.org/avlibrary/asset/1916/1916290/, consulté le 17 novembre 2017.
2. Assemblée générale des Nations Unies, « The General Assembly Adopts a Resolution Seeking the International Court's Advisory Opinion on Pre-Independence Separation of the Chagos Archipelago from Mauritius », 88e séance plénière de la 71e session, 22 juin 2017, à 36'08".
3. « EM, Gonzalo Gallegos, Senior Advisor, Western Hemisphere Affairs, US Mission to the UN, Monday November 13, 2017, 11.14 a.m ».
4. Syed Akbaruddin, *India vs UK: The Story of An Unprecedented Diplomatic Win*, Harper Collins India, 2021, p. 129 ; Nations Unies, *Security Council, General Assembly, Elect Four Judges to International Court of Justice at 8092nd and 8093rd Meetings*, Audiovisual Library, 9 novembre 2017, https://www.unmultimedia.org/avlibrary/asset/2034/2034719/, consulté le 17 novembre 2021 ; Nations Unies, *The Security Council, Meeting Twice Today Independently from but Concurrently with the General Assembly, Elected Four Candidates to the International Court of Justice for Nine-Years Terms, Beginning on 6 February 2018*, Audiovisual Library, 9 novembre 2017, https://www.unmultimedia.org/avlibrary/asset/2033/2033019/, consulté le 17 novembre 2021.
5. Courrier en date du 15 novembre 2017 (en possession de l'auteur).
6. L'article 12 du statut de la CIJ établit un mécanisme dont le but est de surmonter une impasse – après trois tours de scrutin – dans la procédure ordinaire d'élection des juges de la Cour, qui n'a néanmoins jamais été utilisé ; Bardo Fassbender, « Article 12 », in A. Zimmermann, C. Tomuschat, et Karin Oellers-Frahm (éd.), *The Statute of the International Court of Justice: A Commentary*, 3e édition, Oxford University Press, 2012, par. 1-5 ; *Statut de la Cour internationale de justice*, annexe à la Charte des Nations Unies adoptée à San

Francisco le 26 juin 1945, entrée en vigueur le 24 octobre 1945, *C.N.U.O.I.*, vol. 15, p. 365, article 12; Société des Nations, *Statut de la Cour permanente de justice internationale*, 16 décembre 1920, amendé en 1929, article 12.

7. S. Akbaruddin, *India vs UK*, *op. cit.*, p. 140.
8. « Loss of ICJ Judge Is a Failure of UK Diplomacy », *UK Parliament, Foreign Affairs Committee*, https://committees.parliament.uk/committee/78/foreign-affairs-committee/news/103324/loss-of-icj-judge-is-a-failure-of-uk-diplomacy/, consulté le 17 novembre 2021 ; Owen Bowcott, « No British Judge on World Court for First Time in Its 71-Year History » [« Aucun juge britannique à la Cour internationale pour la première fois en soixante et onze ans d'existence »], *The Guardian*, 20 novembre 2017, disponible en ligne : https://www.theguardian.com/law/2017/nov/20/no-british-judge-on-world-court-for-first-time-in-its-71-year-history, consulté le 17 novembre 2021.
9. « To lose one parent, Mr. Worthing, may be regarded as a misfortune ; to lose both looks like carelessness » [« Perdre un parent, M. Worthing, peut être considéré comme une infortune ; perdre les deux relève de la négligence »], Oscar Wilde, *The Importance of Being Earnest*, Dover Publications, 1990, p. 28, traduit de l'anglais par Pascal Aquien, *L'importance d'être constant*, Flammarion, 2000.
10. Alain Pellet, « The Role of the International Lawyer in International Litigation (ch. 9) », in C. Wickremasinghe (éd.), *The International Lawyer as Practioner*, British Institute of International and Comparative Law, 2000, p. 147-149.
11. Abdulqawi Ahmed Yusuf, « Foreword », in E. Carpanelli et T. Scovazzi, *Legal and Political Aspects of Italian Colonialism in Somalia*, Giappichelli, 2020 ; courrier électronique de M. Yusuf à l'auteur, daté du 24 avril 2021.
12. Compte rendu de l'audience publique du 3 septembre 2018, *C.I.J. Mémoires, Effets juridiques de la séparation de l'archipel des Chagos de Maurice en 1965*, CR 2018/20, p. 71.
13. *Ibid.*, p. 75.
14. *Ibid.*, p. 61.
15. Compte rendu de l'audience publique du 4 septembre 2018, *C.I.J. Mémoires, Effets juridiques de la séparation de l'archipel des Chagos de Maurice en 1965*, CR 2018/22, p. 9.
16. Les compte rendus des audiences publiques sont disponibles en ligne : https://www.icj-cij.org/fr/affaire/169.
17. Compte rendu de l'audience publique du 6 septembre 2018, *C.I.J. Mémoires, Effets juridiques de la séparation de l'archipel des Chagos de Maurice en 1965*, CR 2018/27, p. 30 (Mme Negm).
18. Vingt-quatre Blancs, sept Noirs, six Hispaniques, quatre Asiatiques, deux Arabes.
19. À l'issue de la phase orale, les juges se réunissent en privé pour un échange de vues préliminaire. Le président soumet une liste écrite des questions qui, selon

lui, devraient être abordées dans la décision finale. Les juges peuvent y apporter des commentaires et suggérer des modifications. Par la suite, chaque juge prépare une note résumant son opinion quant à la façon dont l'affaire devrait être jugée. Ces notes sont ensuite distribuées à tous les juges. Les délibérations ont lieu après ces étapes initiales en vue de façonner la substance générale du jugement final. C'est seulement après ces délibérations qu'un comité de rédaction composé de trois juges (ou plus si la Cour le décide) est constitué. Le comité de rédaction fait circuler un projet d'arrêt confidentiel sur la base duquel les autres juges peuvent soumettre des commentaires. Le projet fait l'objet d'une « première lecture » au cours de plusieurs réunions privées : chaque paragraphe est discuté pour déterminer s'il sera conservé tel quel ou modifié. Le projet d'arrêt modifié passe par le même processus avant de faire l'objet d'une « deuxième lecture », après quoi un vote final a lieu. Le résultat de ce vote est incorporé dans le dispositif de l'arrêt. Les juges peuvent joindre des opinions séparées ou dissidentes. Nations Unies, *Manuel de la Cour internationale de justice*, 2016, p. 71-72, disponible en ligne : https://legal.un.org/avl/pdf/rs/other_resources/manuel_fr.pdf, consulté le 17 novembre 2021.

20. « Mauritius: UN Top Court Tells UK to End Rule of Chagos Islands "Rapidly" » [« Maurice : la plus haute juridiction de l'ONU ordonne au Royaume-Uni de mettre fin "rapidement" à son contrôle des îles Chagos »], *AllAfrica*, 25 février 2019, https://allafrica.com/stories/201902260553.html, consulté le 17 novembre 2021 ; « UN Court Says Britain Should "Rapidly" Give up Chagos Islands » [« La cour de l'ONU déclare que la Grande-Bretagne doit abandonner les îles Chagos "rapidement" »], *Al Jazeera*, 25 février 2019, https://www.aljazeera.com/news/2019/2/25/un-court-says-britain-should-rapidly-give-up-chagos-islands, consulté le 17 novembre 2021 ; « UN : Britain Should "Rapidly" Give Up Chagos Islands » [« ONU : la Grande-Bretagne doit "rapidement" abandonner les îles Chagos »], *Voice of America*, 25 février 2019, https://www.voanews.com/a/un-britain-should-rapidly-give-up-chagos-islands/4803217.html, consulté le 17 novembre 2021 ; Owen Bowcott, « UN Court Rejects UK's Claim of Sovereignty over Chagos Islands » [« La cour des Nations Unies rejette la revendication de souveraineté du Royaume-Uni sur les îles Chagos »], *The Guardian*, 25 février 2019, https://www.theguardian.com/world/2019/feb/25/un-court-rejects-uk-claim-to-sovereignty-over-chagos-islands, consulté le 17 novembre 2021 ; « Chagos Archipelago Dispute : ICJ Rules against UK, Advises Rapid Decolonisation of Mauritanian Islands » *(sic)* [« Différend de l'archipel des Chagos : la CIJ tranche contre le Royaume-Uni et ordonne la décolonisation rapide des îles mauritaniennes » *(sic)*], *India TV News*, 25 février 2019, https://www.indiatvnews.com/news/world-chagos-archipelago-dispute-icj-rules-against-uk-advises-rapid-decolonisation-of-mauritian-islands-506303, consulté le 17 novembre

2021 ; « U.K. Should Hand over Chagos Islands to Mauritius : ICJ » [« Le Royaume-Uni doit transférer les îles Chagos à Maurice : CIJ »], *The Hindu*, 25 février 2019, https://www.thehindu.com/news/international/uk-should-hand-over-chagos-islands-to-mauritius-icj/article26367827.ece, consulté le 18 novembre 2021 ; « UN Demands UK Withdrawing Colonial Administration from Chagos Archipelago » [« L'ONU exige que le Royaume-Uni mette un terme à son administration coloniale de l'archipel des Chagos »], *Xinhua Net*, 23 mai 2019, http://www.xinhuanet.com/english/2019-05/23/c_138081226.htm, consulté le 18 novembre 2021 ; « Humiliation for Britain as UN Demands It Ends Rule of Chagos Islands in Six Months » [« Humiliation pour la Grande-Bretagne alors que l'ONU lui donne six mois pour mettre fin à sa domination des îles Chagos »], *South China Morning Post*, 23 mai 2019, https://www.scmp.com/news/world/europe/article/3011410/stinging-defeat-britain-un-demands-it-ends-rule-chagos-islands, consulté le 18 novembre 2021 ; « "Historic Moment to Bring End to Colonialism" : UN Court Says UK Illegally Occupied Chagos Islands » [« "Moment historique pour mettre fin au colonialisme" : la cour des Nations Unies déclare que le Royaume-Uni a occupé illégalement les îles Chagos »], *Russia Today*, 25 février 2019, https://www.rt.com/news/452400-icj-uk-chagos-decision/, consulté le 18 novembre 2021 ; « World Court – Britain Must Return Indian Ocean Islands to Mauritius » [« Cour internationale – la Grande-Bretagne doit restituer des îles de l'océan Indien à Maurice »], *Reuters*, 25 février 2019, https://www.reuters.com/article/uk-britain-mauritius-worldcourt-idUKKCN1QE1WX, consulté le 20 novembre 2021 ; « U.N. Court Tells Britain to End Control of Chagos Islands, Home to U.S. Air Base » [« La cour de l'ONU ordonne à la Grande-Bretagne de mettre fin à son contrôle des îles Chagos abritant une base aérienne américaine »], *The New York Times*, 25 février 2019, https://www.nytimes.com/2019/02/25/world/asia/britain-mauritius-chagos-islands.html, consulté le 20 novembre 2021.

21. « HL Deb 26 Feb 2019, Vol 796 », *Hansard*, disponible en ligne : https://hansard.parliament.uk/lords/2019-02-26/debates/1F356B7D-4220-404C-A9F3-C44834DFC8F0/ChagosArchipelago, consulté le 20 novembre 2021.
22. « British Indian Ocean Territory Statement Made by Sir Alan Duncan », *UK Parliament*, 30 avril 2019, https://questions-statements.parliament.uk/written-statements/detail/2019-04-30/HCWS1528, consulté le 20 novembre 2021.
23. Owen Bowcott, « Corbyn Condemns May's Defiance of Chagos Islands Ruling » [« Jeremy Corbyn condamne la défiance de Theresa May à l'égard du jugement sur les îles Chagos »], *The Guardian*, 1er mai 2019, disponible en ligne : https://www.theguardian.com/world/2019/may/01/corbyn-condemns-mays-defiance-of-chagos-islands-ruling, consulté le 20 novembre 2021.

24. Assemblée générale des Nations Unies, Demande d'avis consultatif de la Cour internationale de justice sur les effets juridiques de la séparation de l'archipel des Chagos de Maurice en 1965, 83e séance plénière, 73e session, 22 mai 2019, UN Web TV, à 38'40", et en particulier à 56'00 (M. Jugnauth, Premier ministre de Maurice), https://media.un.org/en/asset/k18/k186t870d0, consulté le 20 novembre 2021.
25. Résolution 73/295 de l'Assemblée générale des Nations Unies, *Avis consultatif de la Cour internationale de justice sur les effets juridiques de la séparation de l'archipel des Chagos de Maurice en 1965*, A/RES/73/295 (22 mai 2019).
26. Assemblée générale des Nations Unies, Demande d'avis consultatif de la Cour internationale de justice sur les effets juridiques de la séparation de l'archipel des Chagos de Maurice en 1965, 83e séance plénière, 73e session, 22 mai 2019, UN Web TV, à 2'50'30" (Mme Pierce, représentante permanente du Royaume-Uni).

Épilogue : *Bleu de Nîmes* (p. 177-191)

1. Lettre de la représentante permanente du Royaume-Uni au Secrétaire général des Nations Unies en date du 28 septembre 2021, UN doc. A/76/368 (1er octobre 2021).
2. https://www.sure.io ; Maurice, *Information and Communication Technologies Act*, 2001, 44/2001, Part VI.
3. https://sportsbet.io/sports, consulté le 21 novembre 2021.
4. « Sea Creatures: Clown Triggerfish – 2021 Unc. Coloured Cupro Nickel Diamond Finish 50p Coin – BIOT », https://www.pobjoy.com/us/sea-creatures-clown-triggerfish-2021-unc-cupro-nickel-diamond-finish-50p-coin-biot, consulté le 21 novembre 2021.
5. « UK Overseas Territory – Chagos Archipelago », *Zoological Society of London*, https://www.zsl.org/regions/uk-overseas-territories/chagos-archipelago, consulté le 21 novembre 2021.
6. « Scientific and Technical Advice for the Management of Maritime Waters in British Indian Overseas Territory (BIOT) », *MRAG*, https://mrag.co.uk/experience/scientific-and-technical-advice-management-maritime-waters-british-indian-overseas, consulté le 21 novembre 2021.
7. L'organisation Human Rights Watch prépare actuellement un rapport sur le sujet.
8. Cour pénale internationale, *Decision Pursuant to Article 15 of the Rome Statute on the Authorisation of an Investigation into the Situation in the People's Republic of Bangladesh/republic of the Union of Myanmar*, ICC-01/19-27 (14 novembre 2019).

9. « Remarks by President Biden on America's Place in the World », *The White House*, 4 février 2021, https://www.whitehouse.gov/briefing-room/speeches-remarks/2021/02/04/remarks-by-president-biden-on-americas-place-in-the-world/.
10. Résolution 68/262 de l'Assemblée générale des Nations Unies, *Intégrité territoriale de l'Ukraine*, A/RES/68/262 (27 mars 2014).
11. *South China Seas Arbitration, Republic of Philippines* v. *People's Republic of China*, award of 12 july 2016, disponible en ligne à l'adresse https://pcacases.com/web/sendAttach/2086.
12. « United Nations Map Marks Chagos Islands as Mauritian Territory », *Chagos support.org*, https://www.chagossupport.org.uk/post/2020/06/29/united-nations-map-marks-chagos-islands-as-mauritian-territory, consulté le 20 novembre 2021.
13. À la suite de son retrait de l'Union européenne le 1er janvier 2021, l'ONU n'a pas autorisé le Royaume-Uni à ratifier l'accord en tant qu'État côtier (documents en possession de l'auteur).
14. Union postale universelle, communiqué de presse, *UPU adopts UN resolution on Chagos Archipelago* (25 août 2021), https://www.upu.int/en/Press-Release/2021/Press-release-UPU-adopts-UN-resolution-on-Chagos-Archi pelago ; Alex Chaplin, « How a Territorial Dispute Made the Universal Postal Union Declare Stamps Illegal » [« Comment un différend territorial a conduit l'Union postale universelle à déclarer des timbres illégaux »], *American Philatelist*, vol. 135, 2021, p. 1098-1105.
15. Affaire de l'or monétaire pris à Rome en 1943 (question préliminaire), arrêt du 15 juin 1954, *C.I.J. Recueil*, 1954, p. 19.
16. Différend relatif à la délimitation de la frontière maritime entre Maurice et les Maldives dans l'océan Indien (Maurice/Maldives), exceptions préliminaires, arrêt, *TIDM Recueil*, 2021, p. 1, par. 246.
17. « British Indian Ocean Territory Question for Ministry of Defence (J. Heappey) (Written Questions, Answers and Statements) », *UK Parliament*, 3 février 2021, disponible en ligne : https://questions-statements.parliament.uk/written-questions/detail/2021-02-03/148829, consulté le 20 novembre 2021.

Remerciements

Tout au long de l'écriture de ce livre, j'ai bénéficié des idées et de l'aide d'un grand nombre de collègues et d'amis, auxquels j'exprime ma profonde gratitude, tout en précisant que le seul responsable d'éventuelles erreurs ou maladresses n'est autre que moi.

Cela a été un privilège de rencontrer puis de connaître tant de membres de l'extraordinaire communauté chagossienne à Maurice et à Londres, ils sont si généreux, si ouverts. Liseby Élysé et Olivier Bancoult sont des individus remarquables et courageux. Ils m'ont beaucoup appris, ainsi que leurs familles, sur la patience, la dignité et le courage. Mes remerciements vont à Gianny Stevens Augustin, Jessica Bancoult, Marilyne Bancoult, Aaron Salomon Bancoult Veerabadren, Evelyna Bancoult Veerabadren, Éliane Baptiste, Suzelle Baptiste, Rosemonde Berthin, Joseph Silvy Bertrand, Bashir Ebrahim-Khan, Billy Winsley Furcy, Marie Mimose Furcy, Janine Sadrien et Rosemond Samynaden.

Mon lien avec les Chagos est la conséquence d'un engagement professionnel et je me sens redevable à Navin Ramgoolam, feu sir Anerood Jugnauth et Pravind Jugnauth d'avoir placé leur confiance en moi. Leur façon de gouverner et le soutien apporté par leurs équipes ont été très inspirants. Maurice et son peuple sont chanceux d'avoir à leur disposition des fonctionnaires d'une si haute qualité, et cela a été un privilège et un bonheur pour moi de travailler avec un si grand nombre d'entre eux, à Port Louis et ailleurs : des remerciements spéciaux à Nayen Koomar Ballah, Dhiren Dabee, Jagdish Koonjul, Milan Meetarbhan, Aruna Devi Narain, Rajesh Ramloll, Sateeaved Seebaluck, Suresh Seebaluck et Martine Young Kim Fat.

À l'origine de ce travail se trouve une série de conférences que l'on m'a invité à prononcer et je tiens à remercier le président et les membres du curatorium de l'Académie de droit international de La Haye et son secrétaire général, Jean-Marc Thouvenin, ainsi que tout le personnel pour cette opportunité qu'ils m'ont offerte.

Notre équipe juridique – de Londres à Washington et de Delhi à Montréal – a été plus ou moins la même pendant plusieurs années. Des remerciements spéciaux à Paul Reichler pour la façon dont il a pris la tête des opérations et pour son sens de la collégialité, ainsi qu'à Remi Reichhold pour son engagement qui va bien au-delà de l'amitié. Merci aussi à Matt Craven, Pierre d'Argent, Douglas Guilfoyle, Christina Hioureas, Ruth Kennedy, Sydney Kentridge, Pierre Klein, Andrew Loewenstein, Alison Macdonald, Sean Murphy, Yuri Parkhomenko et Anjolie Singh; merci à Nancy Lopez pour le soutien administratif, Scott Edmonds, Alex Tait et Vickie Taylor pour la cartographie, et à Paul Venables des bureaux de Matrix Chambers pour son aide infinie.

De nombreux autres avocats ont contribué ou participé directement aux histoires racontées dans ce livre: merci à Dapo Akande, Carlos Arguello, Caleb Christopher, Shotaro Hamamoto, Ben Juratowitch, Likando Kalaluka, Marcelo Kohen, Robert McCorquodale, Pauline Mcharo, Alina Miron, Namira Negm et Jennifer Robinson, et aussi au regretté Dewa Mavhinga, de Human Rights Watch. Ma gratitude va aussi aux nombreux adversaires distingués que j'ai rencontrés sur ma route et qui ont, par leur rôle, contribué à enrichir l'idée d'état de droit.

Au-delà de La Haye, mes remerciements à Arshan Barzani, Daniel Bethlehem, Douglas Blausten, Owen Bowcott, Alan Boyle, Ian Brunskill, Richard Burt, Fran Burwell, James Cameron, Sara Collins, Jeremy Corbyn MP, Duncan Currie, Elizabeth De Santo, Agnès Desarthe, Richard Dunne, Adriana Fabra, Richard Gifford, Andrew Harding, Afua Hirsch, Ben Jaffey QC, Andrew Jampoler, Peter Jones, Iain Macleod, Sindiwe Magona, Diana Matar, Hisham Matar, feu Thomas Mensah, Andrew Mitchell MP, Cullen Murphy, Sandeep

Parmar, Lisa Nandy MP, Nigel Pleming, Andrew Sanger, Haroon Siddique, Gerry Simpson, David Snoxell (et le groupe parlementaire des Chagos [Territoire britannique de l'océan Indien], toutes tendances confondues), Nick Timothy, Peter Tomka, Tom Tugendhat MP, David Vine, Michael Waibel, Nigel Wenban-Smith et Abdulqawi Yusuf. Merci à tous mes collègues de la faculté de droit à l'University College de Londres pour leur soutien et leur tolérance, avec, en tête, Piet Eeckhout, ainsi qu'à tous les collègues et au personnel de Matrix Chambers.

À Londres, Luis Felipe Viveros Montoya m'a offert une aide exceptionnelle en tant qu'assistant de recherche pendant toutes ces années. Le travail sur les illustrations avec Martin Rowson et sur la version audio avec Adjoa Andoh ont été des expériences merveilleuses.

Pour leur présence à bord du *Bleu de Nîmes* et lors du voyage pour les Chagos, ma profonde gratitude au capitaine Mascia Poma, à son équipage fabuleux, en particulier Oguz Aybec, Michele Celentano, Giorgio Mercenaro, Ozan Değirmenci, Rocco Zullino, au chef Luca Strafella, et aussi à tous ceux qui nous ont accompagnés, les fantastiques Rezah Badal, Ed Habershon, Ola Oskarsson, Thomas Mennerdahl, Stuart Phillips et Bruno Rinvolucri.

Jenny lord, mon éditrice chez Weidenfeld & Nicolson, m'a offert une aide constante, intelligente et minutieuse, tout comme l'ont fait mon relecteur, Richard Mason, ainsi que Georgia Goodall, Cait Davies, Katie Espiner et Maura Wilding. Chez Alfred Knopf, j'ai la chance de travailler avec Vicky Wilson. Mes agentes, Georgia Garrett et Melanie Jackson, sont ce qu'un auteur peut espérer de mieux.

En France, Hélène Monsacré a été une éditrice exemplaire et je n'aurais pu rêver meilleure traductrice qu'Agnès Desarthe, ma « sœur de cœur », assistée de l'excellent Cyprien Fluzin.

À la maison, pas un jour ne passe sans que je remercie ma bonne étoile de me permettre de partager ma vie avec Natalia Schiffrin, qui fait en sorte que je garde les pieds sur terre, relit chaque mot et m'offre sa présence merveilleuse, vitale, critique et constante. Ma gratitude aussi à ma famille – mes parents, mes enfants et mon frère – pour leur amour et leur soutien.

Pour conclure, j'aimerais adresser ma reconnaissance la plus profonde à deux êtres auxquels ce livre est dédié et qui sont morts ces derniers mois, alors qu'ils m'avaient offert la moitié d'une vie de collégialité et d'affection, sans jamais un mot désagréable.

Pendant une trentaine d'années, Louise Rands Silva a transcrit chaque entretien que j'ai mené, elle a tapé et corrigé chaque manuscrit que j'ai écrit ; et a proposé des idées pour enrichir tous les personnages et les thèmes qui les traversent, en réagissant toujours avec pertinence à la perception que j'en avais. Le bénéfice d'un tel apport est sans mesure ; qu'il ait toujours été accompagné de chaleur, d'humour et de générosité d'esprit est une bénédiction. Je chéris le parcours que nous avons accompli ensemble plus que les mots ne sauraient dire.

Pendant plus longtemps encore, James Crawford, doué de son esprit australien si particulier, a fait preuve d'une libéralité extrême dans son amitié et son influence professionnelle. Depuis notre rencontre en 1987, il m'a enseigné l'indépendance, l'intégrité et, surtout, le courage de s'emparer de causes qui nous tiennent à cœur, il m'a aussi appris ce que signifiait de faire partie d'une équipe. C'est James qui, le premier, m'a donné l'occasion de travailler devant la Cour internationale de justice et, sans lui, je doute que j'aurais eu la chance d'être associé à l'affaire des Chagos et de m'engager dans les questions d'autodétermination. De maintes façons, les histoires narrées dans ce livre et leur issue juridique sont une partie de son inestimable héritage.

Vous allez tous deux me manquer immensément.

Remerciements de la traductrice

Je dois beaucoup à Cyprien Fluzin. Après plus de dix heures au téléphone avec lui, j'ai eu l'impression de pouvoir enfin faire la différence entre un « verdict » et une « décision ». Un grand merci à lui pour son expertise, sa patience et sa minutie.

Merci à Hélène Monsacré de m'avoir accordé sa confiance et à Mélanie Adda et Amandine Chevreau de m'avoir relue avec méticulosité et bienveillance.

Bibliographie

Essais

Stephen Allen, *The Chagos Islanders and International Law*, Hart Publishing, 2014.

Nando Bodha, *L'Archipel du Sagrin*, Immedia, 2018.

Thomas Burri et Jamie Trinidad, *The International Court of Justice and Decolonisation : New Directions from the Chagos Advisory Opinion*, Cambridge, 2021.

Richard Edis, *Peak of Limuria : The Story of Diego Garcia and the Chagos Archipelago*, Friends of the Chagos, 2004.

Sandra Evers, *Eviction from the Chagos Islands*, Brill, 2011.

Laura Jeffery, *Chagos Islanders in Mauritius and the UK: Forced Displacement and Onward Migration*, Manchester University Press, 2011.

Robert Scott, *Limuria : The Lesser Dependencies of Mauritius*, Oxford University Press, 1961.

David Vine, *Island of Shame: The Secret History of the U. S. Military Base on Diego Garcia*, Princeton, 2009.

Nigel Wenban-Smith et Marina Carter, *Chagos : A History – Exploration, Exploitation, Expulsion*, Chagos Conservation Trust, 2016.

Romans

Florian Grosset, *The Chagos Betrayal: How Britain Robbed an Island and Made Its People Disappear*, Myriad Editions, 2021, roman graphique.

Caroline Laurent, *Rivage de la colère*, Les Escales, 2020.

Shenaz Patel, *Le Silence de Chagos*, Éditions de l'Olivier, 2018.

Natasha Soobramanien et Luke Williams, *Diego Garcia*, Fitzcarraldo Editions, 2022.

Poésie

Saradha Soobrayen, « Out of Place, out of language, out of home », *Crossings : Journal of Migration and Culture*, 2019.

Théâtre

Adrian Jackson, *A Few Man Fridays*, Oberon Books, 2012.

Film

John Pilger, *Stealing a Nation*, 2004.

Légendes des illustrations

Vue aérienne, Diego Garcia, années 1970 © Andrew Jampoler/LTJG Steve Newberry/USN (p. 135).
Timbre mauricien, Anerood Jugnauth et sir Seewoosagur Ramgoolam, 1990 © Shutterstock/Olga Popova (p. 141).
Abdulqawi Yusuf, juge, CIJ, 2018 (p. 162).
Chagos Refugees Group (CRG), Centre de Ressources, Port Louis, 2021 (p. 173).
Timbre du BIOT (Territoire britannique de l'océan Indien), scalaire royal, 2021 (p. 183).
Un banian, Peros Banhos, février 2022 (p. 186).
Liseby Élysé, de retour chez elle, île du Coin, Peros Banhos, 12 février 2022 (p. 191).

Table

Du même auteur

La Filière, traduit par Astrid von Busekist, Paris, Albin Michel, 2020.

The Grey Zone : Civilian Protection Between Human Rights and the Laws of War (éd. avec Mark Lattimer), Oxford et New York, Hart Publishing, 2018.

City of Lions (avec Józef Wittlin), Londres, Pushkin Press, 2017.

Retour à Lemberg, traduit par Astrid von Busekist, Paris, Albin Michel, 2017.

Bowett's Law of International Institutions (avec Pierre Klein), 6e édition, Londres, Sweet & Maxwell, 2009.

Torture Team. Deception, Cruelty and the Compromise of Law, Londres, Allen Lane, 2008.

Lawless World. America and the Making and Breaking of Global Rules, Londres, Allen Lane, 2005.

Justice for Crimes Against Humanity (éd. avec Mark Lattimer), Oxford et Portland, Hart Publishing, 2003.

From Nuremberg to The Hague. The Future of International Criminal Justice (éd.), Cambridge, Cambridge University Press, 2003.

Principles of International Environmental Law (*et al.*, 3 vol.), Manchester et New York, Manchester University Press, 1995.

Film

What Our Fathers Did. A Nazi Legacy, 2015.

Lecture musicale [Performance]

East West Street : A Song of Good and Evil, 2014.

The Last Colony, 2022.

Podcast/Radio

The Ratline

La Filière

Impression : Normandie Roto Impression s.a.s. en juillet 2022
Éditions Albin Michel
22, rue Huyghens, 75014 Paris
www.albin-michel.fr

ISBN : 978-2-226-47301-1
N° d'édition : 24932/01 – N° d'impression : 2203725
Dépôt légal : septembre 2022
Imprimé en France